みんなの朝ドラ

木俣 冬

講談社現代新書

2427

目次

序章

2010年代、
朝ドラの何が変わったのか
――『ゲゲゲの女房』ほか――

関東だけで368万世帯が観ている

「思い出の朝ドラは何ですか？」

そう訊かれたら、みなさんは何と答えるだろうか。

〝朝ドラ〟とは、NHKで月〜土曜の朝8時00分から15分間放送されているドラマの愛称で、正式名称は「連続テレビ小説」（本書では以下、「朝ドラ」とする）。その第1作は1961年に放送され、東京五輪が開催される2020年には100作を超えているであろう、ご長寿シリーズだ。

スマートフォンなどデジタルツールの発達により、国民のテレビドラマ離れがささやかれて久しい。その昔、視聴率は20％を超える作品も多々あったが、いまでは10％あれば「御の字」のような状態で、朝ドラだけがほぼ例外的に20％前後をキープしている。

視聴率とは、テレビ番組やコマーシャルが〈どのくらいの世帯や人々に（リアルタイムで）見られているのか〉を株式会社ビデオリサーチが集計している指標で、一般的には世帯視聴率のことを指す。分母が大きい関東地区の数値がその代表として認識されているが、生活スタイルや価値観の多様化に伴い、最近では録画で観られた数も含めた総合視聴率や、他の地域の視聴率を参考にすることも増えてきた（本書では断り書きのあるものを除き、関東地区の世帯視聴率〈期間平均〉を記す）。世帯視聴率1％は、関東地区だと約18万4000世帯（推定、2016年10月3日現在）なので、視聴率20％前後といえば、関東地区だけでも約368万世帯が観ているという計算になる。毎日毎日、それだけの世帯が朝ドラを観ている。

その昔、テレビは家族が集まる「お茶の間」に鎮座していたが、朝ドラにとってはまさにその状態こそがふさわしかった。なぜなら、朝ドラは〝ホームドラマ〟だからだ。

最初の〝女の一代記〟

いまでこそ〝女の一代記〟とのイメージも強い朝ドラだが、放送開始初期は家族のドラマだった。第1作『娘と私』（1961年／脚本：山下与志一）の主役は男親で、ひとり娘を通して、その生みの母と育ての母への想いを描いていた。第2作『あしたの風』（1962年／脚本：山下与志一）は、母のない子と子のない母との物語だった。第3作『あかつき』（1963年／脚本：山下与志一）の主人公も、家族をもつ男性だ。

第4作『うず潮』（1964年／脚本：田中澄江）にして、ようやく、現在の朝ドラのイメージ〝女の一代記〟らしきものが登場。波瀾万丈に生きた作家・林芙美子の半生が描かれた（第1〜3作と続いた脚本家もここで代わっている）が、第5作『たまゆら』（1965年／脚本：山田豊、尾崎甫）では、老夫婦の物語が描かれた。

現在に至る朝ドラのイメージをかたちづくったのは、第6作『おはなはん』(1966年／脚本：小野田勇)で、明治、大正、昭和を駆け抜けたヒロイン(樫山文枝)が人気を博した。日清・日露戦争、関東大震災、第二次世界大戦と日本が体験した未曾有の出来事を、平凡な主人公がくぐり抜けていくさまを描いたこの物語は、視聴者を釘付けにした。

以後、大正から昭和の戦中戦後を舞台にした内容は、朝ドラのテッパンといっても過言ではなく、現時点で100作近い作品の中では、30作以上が第二次世界大戦に絡んだ話となっている。その理由について、NHKドラマ番組部部長の遠藤理史は、筆者の取材にこう答えている。

〈戦争で一回、自分が持っていたものを全て失って、もう一回立ち上がるという流れは、多くの人たちが実際にそれを体験していることも手伝って、ある種の成功譚として成立しやすいんですね。現代人が普通に生まれて何かに大成功したといってもそんなにどんでん返しした印象がしないけれど、一回本当に焼け野原に立って、「家もお金もありません」というところから「大会社の社長になりました」というところまでやれば落差も大きくドラマティックです。そういう意味で、今は、リアルタイムの出来事を描いて共感を得るだけではなくて、もっと、頑張ってきた昔の人たちの姿から勇気をもらう、みたいなドラマが再びできるようになってきたという感じじゃないかなと思っています〉（「もうすぐ100作。『ひよっこ』は高度成長期の話だが、戦中・戦後・現代、朝ドラで描く時代はどう決めるのか？　NHKドラマ部部長に聞いた【後編】」otoCoto 2017年4月10日）

歴史を動かした大きな出来事を舞台背景に、困難に打ち克っていきいきと前進していくヒロインの姿が視聴者の心に刺さる。こうして朝ドラはシリーズを重ねていく。

「朝ドラ三原則」

「私たちももっとのびやかに、さわやかに生きたい」

そんな主婦の願望に朝ドラは応えてきたと言うのは、元NHKプロデューサーの遠藤利男だ（NHKドラマ番組部監修『朝ドラの55年』NHK出版）。この「のびやかに」「さわやかに」は21世紀になっても連綿と受け継がれていて、第62作『私の青空』（2000年／脚本：内館牧子）でチーフ・プロデューサーをつとめた諏訪部章夫も、かつて先輩に教わった「朝ドラ三原則」として〈明るく・元気に・さわやかに〉をあげている（『連続テレビ小説「私の青空」』NHK出版）。

それは２０１７年の現在も脈々と継続している。ＮＨＫ放送文化研究所が第94作『とと姉ちゃん』の視聴者を対象に調査したところ、朝ドラに期待する要素のトップ5は、「明るい気分になれる」「さわやかな気分になれる」「ほっとする・気分が落ち着く」「見て感動する」「勇気や元気をもらえる」だった（『放送研究と調査』２０１７年3月号）。ここでも上位は、やはり「明るく」「さわやか」だ。

筆者はふだん、ドラマ、映画、演劇といったエンターテインメント作品に関するルポルタージュやインタビューなどを執筆する仕事を生業としている。そのひとつとして毎日、朝ドラを観てからレビューを執筆し、「エキレビ！」という話題作の解説・考察記事を掲載するサイトに寄稿する作業の中で、朝ドラが初心を忘れていないことを感じる。

ただ、「三原則」が根底にあるとはいえ、時代が昭和から平成へ、20世紀から21世紀へと移れば、女性の生き方も変わっていく。

もともと、朝ドラをおもに観ていた人たちには専業主婦が多かったが、１９８５年の男女雇用機会均等法制定を目前に控え、女性たちの間で「結婚後も引き続き仕事に従事したい」という意識が高まってきた時期に、妻の物語と実業家としての物語との両方を描いた第31作『おしん』（１９８３年／脚本：橋田壽賀子）が放送された。同作品の平均視聴率は、いまだに朝ドラ史上ナンバーワンの座を維持している。

一方、「恋は危険な訪問者である。（中略）しかし人はだれでも恋を待っている。恋に巡り合わない人生は空しく寂しい」とナレーションで切々と訴えた第34作『澪《みお》つくし』（1985年／脚本：ジェームス三木）も、『おしん』に次ぐヒットとなる。辛抱のあとに成功を得た『おしん』と、たった一人の愛する人に尽くそうと純愛に生きた『澪つくし』――。朝ドラでは、男女雇用機会均等法以前の、虐げられた女性のほうがまっすぐに生きていて、男女平等化がはじまった時代以降になると、仕事と恋に悩む主人公が増えていく、という傾向が見られる。

昭和が終わり平成になった1989年の第42作『青春家族』（脚本：井沢満）は、キャリアウーマンの母（いしだあゆみ）と、漫画家を夢見る娘（清水美砂、現・清水美沙）をダブルヒロインにした現代劇だった。放送当時の『ザテレビジョン』（1989年5月19日号）には、「『青春家族』が打ち破った朝ドラ7つのタブー」という記事が掲載されている。具体的には、①現代劇②Wヒロイン③離婚歴女優起用④都心の裕福家庭⑤不倫に浮気⑥女性管理職⑦戦争無視という7つのタブーを、「青春家族」は破ったと指摘。この記事からも、時代に合った新たなホームドラマと女性像を描こうという意欲に満ちた企画だったことがわかる。

低迷期

朝ドラがはじまって30周年を迎えた1991年には、かつてラジオドラマで一世を風靡し映画化やドラマ化もされた、すれ違いの純愛が見どころの大ヒット作『君の名は』（脚本：井沢満ほか）が満を持してリメイクされた。しかしながら、平均視聴率が29・1％と期待を下回る結果に終わる。ドラマでは、ついに結ばれることなく終わる恋人たちの結末を大胆に変更し、結婚して幸せな夫婦生活を送る姿を描いたが、その制作の苦労話ばかりが注目されて終わった。

もともと、最初にラジオドラマを書いた菊田一夫は、1954（昭和29）年に発行されたその小説版第4部のあとがきに、こう記している。

〈（筆者注：主人公のふたりの他に）どの人物の足跡をも平均に追って、敗戦後八年間の庶民達の、いろいろな形の生活を描きあげ、そして、そこに、我が国のいまの社会の縮図を見出そうと計画していたのでした〉

〈敗戦後の……恋愛さえも失なわれた直接行動ばかりの世の中に、美しい恋愛の理想を、そして、依然として、戦前と同じに不幸な女性達の生活には、嫁と姑の正しい在りかた、妻の幸福、そんな問題を持ち出して……多くの聴取者諸氏や読者諸氏に……

作者と共に考えていただいた次第です〉

前出の遠藤理史による指摘のように、戦後を懐かしむ層が高齢化して、主人公の苦労に共感しづらくなってしまったのだろう。だからといって昔のドラマと話が違って夫婦になるというストーリーにも戸惑いが生じ、それゆえに、このNHK版『君の名は』は不発に終わったのではないか。後述するように、バブル期にはそぐわないテーマだったことも考えられる。現に、この第46作『君の名は』のあと、3作続いた現代劇『おんなは度胸』『ひらり』『ええにょぼ』は平均視聴率30％台半ば〜後半まで回復している。

その後、戦後を舞台とした『かりん』以降、2010年代に入るまで、じりじりと数字を下げていて、この間がいわゆる朝ドラの低迷期だ。2000年代に入って、シングルマザーを描いた第62作『私の青空』（2000年／脚本：内館牧子）や、はじめて沖縄を舞台にした第64作『ちゅらさん』（2001年／脚本：岡田惠和）、ハワイ育ちの日系四世を主人公にした第66作『さくら』（2002年／脚本：田渕久美子）など、これまでにない新機軸を打ち出した企画で人気となった作品もあるにはある。

しかし、ミュージカル仕立ての第69作『てるてる家族』（2003年／脚本：大森寿美男）以降、視聴率は10％台とさらに落ち込む。

一連の経緯について、前出の遠藤理史はこう分析している。

〈自分探しや自己実現がテーマになった時代と朝ドラの低迷期はなんとなくリンクしているように思うんです。僕らも朝ドラという枠の方向性に迷っていたといいますか、要するに今の女性たちが求めている女性像みたいなものをどこに求めたらいいのかな、と試行錯誤していたんですね。さきほどの戦争の話で言うと、1980年代、90年代の頃って、戦争の話をやると戦争体験のある視聴者の方々から「戦争の場面を見るのがイヤだ」というご意見がけっこう来るようになりました。戦争直後は戦争の場面があまり描かれず、それからしばらくすると戦争の場面をやっても大丈夫な時代がやってきましたが、戦争の本当の体験者が高齢化してくると見るパワーがなくなってくるのかわからないですけど、「観たくない」と言う人が多くなって来た時期と、「僕らも戦争の描き方についてもうちょっとセンシティブにならなくちゃいけないんじゃないか」という時期がたまたまリンクしているんです。こうして戦争から離れた現代劇をやるようになったのが2000年代のはじめですね。そしてもうひとつ、今の朝ドラの流れの大きな分岐点になったのが『ゲゲゲの女房』です。そこで朝ドラの時間帯が変わりました〉（前掲「もうすぐ100作。『ひよっこ』は高度成長期の話だが、戦中・

戦後・現代、朝ドラで描く時代はどう決めるのか？　ＮＨＫドラマ部部長に聞いた【後編】」）

激動の人生を描く舞台背景として、最適とされてきた戦争ものを実際に経験した年配者が楽しめなくなったことを受け、さまざまな試行錯誤を重ねたものの、支持を得られなかったのはなぜだったのか。

女性の生き方や考え方が多様化したことと無関係ではないだろう。

この頃、民放では、ゴールデンタイムにＴＢＳやフジテレビが華やかなヒット作、話題作を次々と生み出していて、新しいものを好む層はそちらを向いていた。それこそ、働く女性は、１９９１年に大ヒットした『東京ラブストーリー』をきっかけとするフジテレビの月９に夢中だった。新たな視聴者層として開拓したかった彼女たちは外に働きに出るようになっていたので、朝のドラマをゆっくり観るというより、帰宅後、月９を観るほうが自然な生活の流れになっていた。『東京ラブストーリー』は、主人公のふたり（鈴木保奈美、織田裕二）が女性からの積極的なアプローチをきっかけにつきあいはじめ、情熱的に愛し合い、すったもんだを経て、最後は別れるというアンハッピーエンドだった。

バブル景気の残り香がまだ強かったこのころ、人々はたったひとつの純愛より、さまざまなかたちの欲望にとり憑かれていたからこそ、『君の名は』よりも『東京ラブストーリー』のほうが受け入れられたのだろう。

筆者の経験からいっても、朝ドラはオーソドックスというかドメスティックな印象で、月9や、1995年にはじまった日本テレビの土9『金田一少年の事件簿』、1997年にはじまったフジテレビの『踊る大捜査線』などに興味が向いていた。

こうして朝ドラは視聴者の拡大がうまくいかないまま、続いていく。視聴率的には低いが、話題的には主婦を対象にしたフジテレビ（制作は東海テレビ）の昼ドラ『愛の嵐』にはじまる嵐シリーズ（1986、88〜89年）、『真珠夫人』（2002年）、『牡丹と薔薇』（04年）のほうが注目を浴びていたた。いま振り返れば、朝ドラは現代の働く女性や主婦に寄り添おうとしながら、彼女たちの求める〝娯楽への欲望〟に気づけていなかったのではないか。

朝ドラを変えたもの

なかなか低迷期を抜け出せない朝ドラは、2010年、48年ぶりに放送時間帯を変更するという、思い切った策に出る。それまでの8時15分開始を8時に繰り上げたのだ。

時代が変わり国民の生活習慣も変わったことが公的な理由だが、当時視聴率のよかった民放の情報番組が軒並み8時スタートだったため、それに合わせたという見方も強い。

2010年3月29日（月）、NHKは民放と並んで8時に放送していたニュースを7時

45分にずらし、8時から第82作『ゲゲゲの女房』（脚本：山本むつみ）を放送した。

朝ドラに新しい風が吹くのはここからだ。

『ゲゲゲの女房』は、『ゲゲゲの鬼太郎』を描いた漫画家・水木しげるの妻・武良布枝《むらぬのえ》のエッセイ『ゲゲゲの女房』（実業之日本社文庫）を原案にしたもの。主人公・布美枝（松下奈緒）は、お見合いで知り合った村井茂（向井理）と結婚する。戦争で片腕を失い、貧しい生活をしていたが、大好きな漫画を真摯に描き続け、国民的人気作家になっていく夫と、それを健気に支える妻――この夫唱婦随の様子が微笑ましく、水木しげる役の向井理が女性層の支持を高く受け、さらには多くの人々がよく知る鬼太郎など水木漫画のキャラクターが劇中に登場したことで、待望の新規視聴者を獲得することができた。

新たな視聴者とは、漫画やアニメが好きな人たちだ。奇しくも劇中には、従来、子ども向けだった漫画を大人の鑑賞にも堪えうるものにしたいというエピソードがあるが、まさに1980〜90年代に漫画を読んで育った層が、『ゲゲゲの女房』に流入してきたのだ。きっかけは、『ゲゲゲの女房』を観た視聴者の中から、「ドラマ絵」（ドラマに出てくる登場人物の似顔絵）を描いてインターネット上にアップするという遊びを行う人の出現だった。

これはやがて2012年の大河ドラマ『平清盛』にも飛び火し、その盛り上がりが頂点に達したのが、2013年の第88作『あまちゃん』（脚本：宮藤官九郎《くどう》）だ。『あまちゃん』

の「あま絵」の第一人者とされる漫画家・青木俊直は、『ゲゲゲの女房』から「ドラマ絵」を描きはじめた（『ゲゲゲの女房』の場合、それは「ゲゲ絵」と呼ばれた）。

　青木は当時の状況をこう振り返る。

「高校のときは当時8時15分から始まる朝ドラが時計代わりで、その時間にうちを出ないと遅刻するという、そういう存在でしかなかったです。なので、『ゲゲゲの女房』の前の朝ドラは観ていませんでした。『ゲゲゲの女房』は、水木先生の話だから観はじめました。

　いざ観はじめると、戦後漫画黎明期の手塚治虫とトキワ荘とは違う文脈の漫画家の葛藤と生き方がしっかり描かれていて、キャラクターも魅力的で心に刺さる言葉も多々あり、すっかりはまってしまいました。漫画家（の妻）が題材ということもあり、多くの漫画家さんも観ていたと思います。

　そしてちょうど『ゲゲゲの女房』がはじまったころ、ツイッターがポピュラーになりかけていたこともあり、誰ともなく絵をあげはじめたんだと思います。いわゆる「ゲゲ絵」では漫画家の井上正治さんの絵が楽しみで、ドラマと井上さんの絵を一緒に楽しんでいました。井上さん自身が（ドラマの舞台となった）調布在住ということもあり、オフ会を調布で開催したりもしました。「ゲゲ絵」は井上さんが先導している感じでしたね」

　このように、絵を描く者たちが、同業の大先輩である水木しげるに惹かれて朝ドラを観はじめ、「ゲゲ絵」を描き出した。そしてその影響を受けて、情報番組『あさイチ』に出演した朝ドラ関係者がFAXを募集すると、絵の投稿が殺到するようになる。

この『あさイチ』の存在も、朝ドラを盛り上げたひとつの要因でもあった。『あさイチ』は、『ゲゲゲの女房』と同時期にはじまったNHKの情報番組だ。NHKアナウンサーの有働由美子とV6の井ノ原快彦、NHK解説委員の柳澤秀夫がキャスターとして名をつらねた。井ノ原が生放送であることを利用し、朝ドラを観て誰かと感想を分かち合いたいと思っている人のために、直前に放送された回の感想を語りはじめたことが、視聴者の関心を呼んだとされる。それがいつの間にか「朝ドラ受け」と呼ばれて定着し、視聴者もそれを期待するようになった。

なかには、朝ドラとは別番組であるにもかかわらず話題を持ち込むことをよしとしない視聴者からの批判もあって、必ずしも毎日、「朝ドラ受け」をするとは限らないが、「朝ドラ受け」の開始から7年経った2017年現在もなお、それは続いている（ツイッターでは、朝ドラの感想だけでなく、朝ドラ受けに反応してつぶやく人も多い）。

なお、2011年に、映画界で活躍していた渡辺あやを脚本に起用した第85作『カーネーション』がはじまると、今度は流行りの映画やドラマを好む層が新たに朝ドラに流入してきた。こうして、従来の朝ドラ視聴者とは違う層が徐々に増え、それがようやく視聴率として結果に表れたのが、2012年の第86作『梅ちゃん先生』(脚本：尾崎将也)だ。『梅ちゃん先生』では、SMAPが歌う主題歌(「さかさまの空」)も注目され、平均視聴率はついに20％台を回復。同年の第87作『純と愛』は、ジャニーズの風間俊介の出演が決まり、脚本に視聴率40％超えを果たした民放のドラマ『家政婦のミタ』(日本テレビ)の遊川和彦を起用し、『ちゅらさん』で好評だった沖縄を再び舞台に設定するなど、かなり力の入った企画だった。風間めあてに観はじめた女性視聴者も多く、「あま絵」画家で、後に第91作『マッサン』(脚本：羽原大介)のコミカライズ(扶桑社)を担当する漫画家のなかはら★ももたも、そのひとりだった。

なかはらが朝ドラを観るようになったのは、『純と愛』からで、主人公たちのあまりに絶望的な人生にショックを受けたという(それと同じような視聴者が続出したが、その内容はここでは明かさない。未見の方は機会があればDVDをご覧いただきたい)。この衝撃的な作品が生まれたのは、2011年に起きた東日本大震災を受けてのことだと脚本家の遊川和彦はいう。なぜあえて悲劇を突きつけたのかを聞くと、次のように答えてくれた。

〈震災によって、いくら頑張ったって、不公平な不幸は襲ってくるんだってことがわかったわけじゃないですか。『いつか自分にも不幸が襲い掛かってくるかもしれない

不安』と闘うことは大きなテーマですね〉

〈「なんでこんなにひどいことばかり起きるの？」って、たいへんなお叱りを受けました。でも、それで救われたという人も確実にいるわけなんです。最終的には、試練に耐えている人と人が出会って助け合うようなところに行き着かせたいんですよ〉

（『週刊ＳＰＡ！』２０１７年２月７日号）

こう語る遊川の気持ちもわかるが、その願いは残念ながら、大半の視聴者に届かなかった。だが、彼の言う「一人で生きることなんてできないんだ」というメッセージは、その後の朝ドラに大きな意味を及ぼしたと筆者は考える。

みんなで楽しむ朝ドラに

『純と愛』がもたらした絶望のはてに放送がはじまった第88作『あまちゃん』は、「一人で生きることなんてできないんだ」という『純と愛』の想いを引き受けたといえるだろう。『あまちゃん』のストーリーやその考察に関しては第11章で詳述するが、２０１０年以降の朝ドラの人気を高めたのは、内容そのものや時間帯の変更のみならず、「一人でなく、みんなで楽しむ」というスタイルが確立されたことも大きく影響している。

そこでは、先にあげた「あま絵」、「ツイッター」、『あさイチ』の「朝ドラ受け」が多大な役割をはたした。『あまちゃん』の内容の濃さや豊富さと、震災以降、ユーザーが激増したツイッターがうまく連動し、多くの視聴者が意見や感想、ツッコミや「あま絵」をツイッターにアップしたことで、視聴熱が上がった。

『あまちゃん』をとりあげる雑誌も多く、なかでも、女性誌『ＣＲＥＡ』（文藝春秋）が２０１４年１・２月合併号で映画とドラマ特集を行ってそこで『あまちゃん』を多く取り上げ、表紙はその出演者の松田龍平だったことは、画期的だった。いわゆる女性週刊誌で記事になることは多い朝ドラだが、ファッション誌やカルチャー誌で扱われることは滅多になかったからだ。筆者も、登場人物の名台詞の選出や、プロデューサーの訓覇《くるべ》圭のインタビューを任された。当時『ＣＲＥＡ』のデスクだった竹田直弘は『あまちゃん』特集を行った経緯をこう語る。

「『ＣＲＥＡ』も『あまちゃん』以前は朝ドラに積極的ではなかったと思いますよ。朝ドラはカルチャー女子が観るものではない、という感じでしたし。でも、宮藤官九郎さんが脚本ということで『ＣＲＥＡ』読者も最初からくいついてましたね。本当は、僕は一冊丸ごとドラマ企画をやりたかったんですけど、周囲から『前例がないから不安』といわれ、仕方なく『映画＆ドラマ特集』にしたんです。ほんとはドラマ特集、というか『あまちゃん特集』にしたかったですね」

また、同誌に掲載された『あまちゃん』プロデューサー・訓覇圭のインタビューによれば、〈宮藤さんが『朝ドラをぶち壊す』とか『朝ドラを刷新する』というほうが刺激的でしょうけれど、実は宮藤さんは、『朝ドラを楽しんでいた』だけだと思うのです。朝ドラらしさって一言でいうと、朝、みんなが少しでも明るい気持ちになるもの（後略）〉だという。宮藤は、朝ドラの制約も楽しんで、脚本に組み込んでいった。それが、視聴者にも伝播してヒットにつながったのだろう。

グルメやファッションの情報誌『Ｈａｎａｋｏ』（マガジンハウス）が朝ドラ特集を組んだのは、第94作『とと姉ちゃん』（脚本：西田征史）に合わせた２０１６年４月28日号だった。「朝時間の楽しみ。」という特集の中の４ページで、２０１３年以降の朝ドラに関して紹介している。筆者もここで「朝ドラは生活のマストアイテム。」というエッセイを書いた。映像関係の専門誌や、作品の公式ライターとしてプレスやパンフレットに、現場取材をもとに作り手や俳優に関する記事を書く仕事が主だった筆者に、おしゃれな女性誌から依頼が来ること自体珍しかったこともあり、強く印象に残っている。

それこそ、家族が出かけてから、専業主婦が家事をしながら時計代わりに朝ドラを観て、主人公の生き様を毎日の生活の張りにしていた草創期から、いまや、その感想をみんなで分かち合う時代となった。「お茶の間」という言葉が死語になり、家族でテレビを観る時代でもなくなり、テレビは自室でひとりで観るものになっていたところへ、「(ひとりなのに)ひとりではなく、(みんなではないけど)みんなで観る」という新しいかたちが生まれた。つまり、家族で観ていた朝ドラは、ツイッターなどのSNSを介して〝志〟を同じくする多くの人たちと楽しむ朝ドラに変わった。これこそが新生朝ドラの実像だろう。

ふしぎな力

朝ドラブームにはずみをつけた出来事が、もうひとつある。2012年にフジテレビで放送され、熱狂的な人気を獲得、第2シーズンに至っては平均視聴率18・4%までいった連続ドラマ『リーガル・ハイ』である。その第1シーズンの最初のほうで、主人公だがヒールのような毒舌弁護士・古美《こみ》門《かど》研介(堺雅人)が仕事のパートナーとなる黛《まゆずみ》真知子(新垣結衣)のことを「朝ドラのヒロインのようだ」と批判したとき、視聴者は一斉に膝を打った。すでにSNSでドラマを語ることが盛り上がりはじめていたので、かっこうの議論の話題となった。こうして俎上に載せられたことで「朝ドラ」および「朝ドラのヒロイン」というものの存在を、ドラマファンが再認識。さらに、その翌年はじまった『あまちゃん』が従来の朝ドラヒロイン像を大きく覆すという、テレビ局を超えた（無意識の）コール&レスポンスによって、視聴者が「朝ドラ」を〝楽しめるもの〟と意識したといえるだろう。しかし、「朝ドラのヒロイン」というセリフを書いた脚本家・古沢良太は、極めて冷静だった。

「もともとは、企画書などに、黛なる人物の説明として書いたものだったと思います。俳優さん側にこういう人ですと伝えるためのものですね。セリフで使う気はなかったのですが、成河広明プロデューサーに『あれ使ってほしい』と言われて使うようになったと記憶しています。自分では別に面白い表現だとは思っていませんでした。黛に対してはいろんな揶揄や比喩や罵倒を書いていて、その中の一つという意識です。揶揄や比喩としての「朝ドラのヒロイン」という表現は、それ以前から普通にあった気がしてます。あえて言うと、ドラマの中で他のドラマの話題を持ち込むのは新しかったのかな、と。黛さんは「朝ドラのヒロイン」と古美門から揶揄されているだけであって、「朝ドラのヒロイン」ではありません。僕は「朝ドラのヒロイン」を書こうとしたわけでもないし、書いた認識もないのです。あの人は実際の「朝ドラのヒロイン」よりずっとヘンな人です。思い返すと、あのキャラクターは、〝新垣結衣さんをいかにはっちゃけさせるか〟という一念でつくっていた気がします」

書いた当人はそれほど深く考えていたわけではないが、登場人物の台詞がひとり歩きするのはよくあることだ。古沢が続ける。

「実際には昔からいろんなタイプのヒロインがいて、一口に『朝ドラのヒロイン』とくくれるものではないと思っています。僕が使った台詞はあくまで世間一般的なイメージとしての揶揄です。むしろ（僕は）『古美門は朝ドラの認識が浅いな』くらいの気持ちです」

朝ドラのヒロインといえば、なんとなく、明るく、さわやか、真面目で裏表がない……といったイメージを抱きがちだ。必ずしも明るくてさわやかな人ばかりではないのだが、古沢は、そうした世間の〝誤解〟を巧みにすくいとったわけだ。ヒロインの名前はよく知られていて、しかもなぜか、いいイメージを持たれている。だからこそ、ヒロインを演じた俳優についても、「ああ、あれに出ていた、あの人ね」と暗黙の了解が生まれる。「朝ドラ」のふしぎな力だろう。

「『リーガル・ハイ』のときは、P（プロデューサー）チームの中で朝ドラのヒロインをキャスティングするブームがちょっと起こっていたような。原田夏希さんとか田畑智子さんとか遠野なぎこさんとか……ほかにもあったかもしれないけど。なんかヘンなノリでキャスティングしていた。のちにそうなる波瑠《はる》さんも出ていたのは偶然だけど」（古沢）

キーワードは「分かち合う」

朝ドラへの向き合い方の変化は、東日本大震災をきっかけにしていることも、忘れてはならない。ツイッターの利用者が増えたのは、震災時、電話が繋がらないときでも機能した貴重なツールの一つだったからだ。家族や友人の安否を知るためにツイッターにユーザー登録して、情報を共有するようになった。筆者も、「揺れが怖い」とつぶやくと、たくさんの人から励ましのレスが入ったし、同じマンションの住人とフォローし合って情報交換もしていた。助け合いツールだったツイッターが、その役目を一旦終えた後、『あまちゃん』を一緒に楽しむツールになった。『あまちゃん』のロケ地の久慈市の人たちとも繋がったし、前出の青木俊直やなかはら★ももたをはじめとするあま絵師ほか、あまちゃんファンの人たちとも繋がった。筆者が「エキレビ!」で連載していた『週刊あまちゃんレビュー』を書籍に収録させてほしいと連絡をもらったのもツイッター経由だった。『あまちゃんファンブック』をつくった扶桑社の大久保かおりは、SNSの盛り上がりを受け、SNSで目立った書き手や漫画家に声をかけて一冊の本にまとめた。それがヒットしたため、以後、他社も朝ドラファンブックの刊行に乗り出す。このような外部の書き手による考察本が発売されるという現象も、アニメや漫画、『踊る大捜査線』などのマニアックなファンがいるドラマに近い動きだった。

朝ドラを楽しむ層の誕生の萌芽は２００７年の第77作『ちりとてちん』（脚本：藤本有紀）にもある。視聴率は徐々に下がっていく一方だったという作品だが、支持する人は意外と多く、放送後に発売されたＤＶＤの売れ行きはよかったという。実際、筆者宅の近隣のツタヤに置かれている朝ドラのソフトは『おしん』『あまちゃん』『梅ちゃん先生』『ちりとてちん』の４作だ。『カーネーション』『ゲゲゲの女房』が置いてないにもかかわらず、『ちりとてちん』があることは注目に値する。

さて、ツイッター上で知り合った北いわて親善大使のサトウコウスケと青木俊直から火がついた、久慈のシャッター商店街に「あま絵」を描く活動には、２０１６年、主演の能年玲奈（現・のん）も参加している。ドラマのロケ地観光だけでなく、青木俊直、うめ、シラトリユリ、なかはら★ももた、ひうらさとる、松田洋子といった著名作家のイラストを見に訪れる観光客もいる。「あま絵」画家の中には、２０１６年にヒットしたドラマ『逃げるは恥だが役に立つ』（ＴＢＳ）の原作者・海野つなみもいる。このドラマのヒットも、ツイッターなどＳＮＳの拡散がひとつの理由とされている。作り手が仕掛けた「小ネタ」の数々、俳優の魅力的な表情や演技をＳＮＳで分かち合うと、視聴率がぐいぐい上がり最終回は20％を超えた。最初は低かった視聴率が後半20％台に上がった『ゲゲゲの女房』の熱に近いものがある。

こうした視聴者とドラマの関係性について、2017年3月22日にNHKで放送された『放送記念日特集「今 テレビはどう見られているか」』が取り上げ、現在のテレビがSNSなどのデジタルツールによって楽しまれている事例を紹介していた。

ある28歳の男性の家にはテレビがないが、ユーチューブなどでまとめられたものを観ているというケースをあげ、テレビを観ない若者たちも、スマホやネットを通して配信されるテレビ番組を観て、それを観ながらツイッターでつぶやくことで、コミュニケーションをとっていると指摘。また、ネットによって雪だるま式に視聴者が増えていく「ヒットライダー現象」が侮れないこと、いまやテレビが「スマホで遊ぶための道具になっている」といったことが、作り手や研究者の実感として語られた。

同じくツイッターで盛り上がった大河ドラマ『真田丸』のプロデューサー・屋敷陽太郎が、「脚本に活かすことはないが、SNSの意見は見ている、テレビを観てツイッターでつぶやく人たちを同志のように感じている」などと語ると、それを見た視聴者が〝同志〟と言われた喜びをツイッター上で分かち合う現象も起きている。

このように、2010年代のテレビドラマは、視聴者がつぶやける要素があればあるほどに盛り上がっていく。朝ドラは『あまちゃん』以降、まさにそういうドラマになった。たとえば、『花子とアン』『あさが来た』『とと姉ちゃん』『べっぴんさん』などは実在の人物をもとにした〝女の大河ドラマ化〟が起きているため、SNS上ではまず登場人物のモデルが誰で、登場する会社などのモデルはどこかを検索する視聴者が多かった（筆者が毎日朝ドラレビューを寄稿する「エキレビ！」の編集者によれば、『べっぴんさん』の場合、「キアリス」というドラマに登場した会社のモデルついての検索ワードが多かったという）。検索してたどり着いた記事を見て、「史実と同じだ」「いや違う」などと議論するためのネタにしているのだろう。オリジナルの『あまちゃん』にしても、１９８０年代のアイドル史を踏まえたものだったため、そのオマージュ探しはツイッターの話題としてはふさわしい。

朝ドラが55年を超える長寿シリーズであることも、話題を分かち合う楽しさの要素となっている。過去の作品にどんなものがあったか？　Aという作品はBという作品を踏襲しているのではないか？　この役者はC以外にDにも出演している……といった議論のテーマを探せば、それこそ山のように出てくる。たとえば、第85作『カーネーション』の最終回で登場人物が『カーネーション』の第1話を観る場面は、第6作『おはなはん』の最終回を思わせる。『おはなはん』は、ヒロインが高いところに登る、親が決めた結婚、夫が出征、夫の浮気疑惑、夫が死に女手ひとつで子育て、働くことを決意、ヒロイン役が老女の姿までひとりで演じきる……など、朝ドラのテンプレート（雛形）をかなり網羅している。もともと朝ドラは過去作に登場した固有名詞を引き継ぐなどの〝遊び〟もやっている。朝ドラ名物の幽霊は第34作『澪つくし』が最初か（あとから夫が生きていたことが判明するので、生霊という認識になるのかもしれないが）？　脚本家の大森寿美男が第69作『てるてる家族』で「家族と言っても個人個人である」と考えていたというのは、第15作『水色の時』（脚本：石森史郎）の母（香川京子）の「家庭ってそれぞれてんでに生きながら安心してひとつでいられるところ」「いつか巣立っていくための家庭って止まり木」という台詞を引き継いでいるのだろうか？『あまちゃん』のアキが海に飛び込む場面は、アキの父親役の尾美としのりが出演していた第83作『てっぱん』を意識していたのだろうか？……等々、朝ドラを観れば観るほど、深読みも含めてリンクが見つかる。

100作近くなって、それだけの伝統（女の一代記、ホームドラマ、明るくさわやかな雰囲気）を守り続けたうえで、時代に合った新しい工夫を加味してきたからこその楽しみがある。もはや朝ドラは、古典芸能のひとつと言っていい。歌舞伎や落語などの古典芸能も、伝統を継承しつつ、新たな企画を考案しながら生き残っているが、これは歌舞伎だ、これは歌舞伎じゃないというような論争がしょっちゅうあるようだ。朝ドラも歴史は歌舞伎に到底及ばないとはいえ、歌舞伎も朝ドラも親子3代でファンでいられるところは近い（俳優が世襲制ではないところは違うが）。

ところで、NHKのホームページには、〈税金でも広告収入でもなく、みなさまに公平に負担していただく受信料だからこそ、特定の利益や意向に左右されることなく、公共放送NHKとしての役割を果たすことができます〉として〈みなさまに広く支えられてこそ、公共放送〉と書いてある。家庭で働く主婦を対象としていた朝ドラも、本来的には「みなさま」のもののはず。NHKアーカイブスにある、4分ほどに短くまとめた朝ドラ各作品の紹介映像を観ているのは、圧倒的に男性が多いということも、「みなさま」のものに限りなく近づいたことの証左であろう。

いま、「みなさま」の朝ドラに求められているのは、視聴者がそこに〝自分が生きている時代との共通点〟を見出せるか、自分と関係ある話題が描かれていると思えるか、自分の姿を重ね合わせたり共感できたりする話題があるか、である。

次章からは、『ゲゲゲの女房』に端を発し『あまちゃん』を経て大きな変化を遂げた朝ドラが、時代の鏡として日本人の姿をどれくらい映し出しているか、つくられた時代とドラマの関係性を考察してみたいと思う。

第１章

国際結婚とつかこうへいイズム

――『マッサン』――

主人公：亀山政春・エリー
舞　台：スコットランド・広島・大阪・北海道
時　代：大正〜昭和（戦後）

朝ドラは国際結婚からはじまった

『あまちゃん』→『ごちそうさん』→『花子とアン』と視聴率がじわじわと上がり、視聴者の注目と期待が朝ドラに注がれてきたところでスタートした『マッサン』（2014年）は、主人公に19年ぶりの男性（玉山鉄二）、ヒロインには朝ドラ初の外国人女性（シャーロット・ケイト・フォックス）が配されるなど、話題性に富んだものだった。

1934（昭和9）年に大日本果汁株式会社（ニッカウヰスキーの前身）を創業した竹鶴政孝とその妻リタをモデルにしたこの作品は、留学先のスコットランドで出会ったマッサンこと亀山政春（玉山）とエリー（シャーロット）が当時まだ日本では少なかった国際結婚をした後、周囲の無理解や異文化コミュニケーションの齟齬を克服しながら、支え合って生きていく様子を〝アドベンチャー〟としてドラマティックに描いている。

朝ドラの主役が国際結婚するのは、『マッサン』が初めてではない。文豪・獅子文六の自伝的小説を原作とする第1作『娘と私』（1961年）では、主人公（北沢彪《ひょう》）の最初の妻がフランス人という設定だった。だが、すでに亡くなっていて、その娘と父の話が描かれる。また、第6作『おはなはん』（1966年）では主人公の息子の嫁が外国人なので、朝ドラでは意外と国際結婚が多い。『マッサン』は異色に見えて、ある意味、朝ドラの原点に立ち返った作品なのだ（ついでに記せば、第66作『さくら』〈2002年〉では、主人公〈高野志穂〉が日系四世、婚約者がアメリカ人〈セイン・カミュ〉だったが、途中で破局している）。

ちなみに、第20作『風見鶏』（1977年）でも、ヒロイン（新井春美、現・新井晴み）がドイツ人と結ばれて神戸でドイツパンの店を開いているが、ドイツ人役を演じた蟇目《ひきめ》良は新潟県生まれの宮城県育ち（ロシア人の父と日本人の母のハーフ）である。

一方、エリーを演じたシャーロットは、制作陣が国内外でオーディションを重ねた末に見つけた、日本語が話せず日本に来たこともない無名女優。ヒロインがフレッシュな新人女優の場合、たとえそのポテンシャルが未知数でも、なんだか応援したくなるのが人情だ。余計なバイアスもかからず、まっすぐ役とドラマだけを観ることができるし、金髪、明るい色の瞳と透明感のある白い肌は、日本人にとって「西洋人のイメージ」そのものだ。

ドラマの中で、ワインのポスターに外国人のモデルを起用したいという話が出てきたとき、企画した人物・鴨居欣次郎（堤真一）が「日本のおなごは西洋に憧れと同時に劣等感も持っとる」から、その意識を突くと言うように、まさにシャーロットはそういう存在だった。

外国人は俳優に限らず、意思をはっきり相手に伝えようとするので、弁も立つし身振り手振りも大きい。何事にも「控えめ」を美徳とする日本人とは大きく異なるので、シャーロットの演技は新鮮に映った。

日本の国際結婚の実情と歴史

『マッサン』の前半では、日本人と外国人の違いに戸惑いながらも日本人になろうと努力するエリーの健気な姿が、ユーモアも交えながら描かれている。彼女にとって第1の試練は、マッサンの実家・広島の酒蔵で繰り広げられた、姑（泉ピン子）とのバトルである。実家の亀山家はもともと格式の高い酒蔵で、そんな家に外国人の嫁などとんでもないと、姑は厳しく当たる。だがその厳しさも、本音を言えば姑ももともとは嫁であり、若いころ自分が体験した亀山家での苦労は、外国人になんて到底我慢できっこないという考えに基づくもの。亀山家を守ることは姑の重要な役割であり、その伝統を守れそうもない人物の排除は姑の仕事なのだ。

ところが、その微妙なニュアンスは、日本語をまだ勉強中のエリーには伝わらない。「認めてもらえるようにもっとたくさん頑張ります」とひたすら一直線だ。そもそもエリーは、日本人だろうとスコットランド人であろうと「同じ人間よ」「肌の色、髪の色が違っても、心は通じる！　人と人は必ず分かり合える！」という理想主義を掲げていた。スコットランドの母の「差別を受けるかも」という心配をよそに、反対を押し切って果敢に海をわたってきたものだから、「政春のためなら私は日本人になってみせる」と息巻く。

ドラマでは毎回本編のあとに、「わたしたち国際結婚です！」という視聴者の投稿写真コーナーが設けられていた。全150話中、最終回はドラマのマッサンとエリーの写真だったので、国際結婚した一般視聴者は149組も登場したことになる。

最新の「人口動態統計特殊報告「婚姻に関する統計」の概況」（平成28年度版）によると、日本の国際結婚の組数（全婚姻に占める割合）は、50年前の1965年がわずか4156組（0・4％）だったのに対し、2015年は2万976組（3・3％）と5倍以上に増加している。内訳は、日本人男性と外国人女性の結婚が1万4809組、外国人男性と日本人女性の結婚は6167組と、その差異も興味深い。

また、結婚相手を国籍別でみると、夫が日本人の場合の妻の国籍は中国が断トツの1位（38・7％）、妻が日本人の場合の夫の国籍は米国が2位（18・3％、1位は韓国・朝鮮の25・4％）となっているのが特徴的だ。さらに、都道府県別に見ると、国際結婚する日本人男性の割合のトップは愛知（3・8％）で、東京・千葉（いずれも3・2％）と続く。一方、日本人女性で最も多いのは沖縄（3・2％）で、その次が東京（1・9％）、京都（1・4％）である。

『国際結婚の誕生』（新曜社）などの著書がある京都女子大学教授の嘉本伊都子によると、そもそも「国際結婚」とは日本産の概念だといい、日本で国際結婚が公的に認められたのは1867（慶応3）年のこと。江戸幕府が条約締結国の国民と日本人との結婚を許可した。その後、明治政府が日本最初の国際結婚に関する規則（内外人婚姻規則）を公布したのは1873（明治6）年。マッサンのモデル・竹鶴政孝とエリーのモデル・リタが結婚したのは、1920（大正9）年だ。

爾来、国際結婚は増加の一途をたどっていたが、2005年の出入国管理及び難民認定法（＝入管法）の改正によって減少傾向にある。とはいえ、2002年に発売された小栗左多里のコミックエッセイ『ダーリンは外国人』（メディアファクトリー）がシリーズ累計300万部を突破し、2010年には実写映画化もされている。また、日本で頑張っている外国人花嫁たちの泣き笑い人生を紹介したトークバラエティ番組『奥さまは外国人』（2006〜07年／テレビ東京）が好評を博したほか、40歳のオタク夫と20代の中国人嫁の日常を紹介した井上純一『中国嫁日記』（KADOKAWA／エンターブレイン）がヒットするなど、国籍の違う者同士の結婚は、日本人にとって興味深いテーマのようだ。とりわけ近年、少子高齢化が進み人口減少が止まらない日本で移民の受け入れ問題が議論される中、『マッサン』の国際結婚は目を引いたに違いない。視聴率も、一時期19％台に落ち込んだこともあったが、後半、人気を集め、20％台をキープする好成績となった。

「日本では当たり前」という試練

マッサンの実家で、箸の持ち方や着物の所作などを学んだエリーだったが、姑役の泉ピン子に泣いて離縁を頼まれ、ついには国に帰ろうとする彼女を、マッサンが引き止める。

「日本は亭主関白の国じゃ！　嫁は黙って夫の言う事聞くもんじゃ！」

その強引な主張にはやや違和感を覚えたが、それでも『マッサン』の人気が高かったのは、国際結婚というテーマや俳優の魅力のみならず、それらをうまく料理した脚本家・羽原大介の腕に因るところが大きい。エリーが明治〜昭和初期の日本の慣習を学びつつ、毎週毎週次から次へと起こる試練を乗り越えて夫婦愛を貫くというしっかりした骨格に、メリハリの利いたエピソードがちりばめられて、見ごたえがあった。こうした脚本の巧みさについては後述するとして、まずは、エリー第2の試練について紹介しよう。

それは、大阪で起こった。かねてウイスキーを造ることが夢だったマッサンは、スコットランドへの留学を命じ、帰国後には会社を任せると言ってくれていた大阪の住吉酒造のもとへ意気揚々と向かう。と、そこでとんでもないボタンの掛け違いが発覚する。住吉酒造の社長（西川きよし）は娘・優子（相武紗季）の婿として、マッサンを迎えるつもりでいたのだ（なにげなくほのめかしていたことを、鈍感なマッサンは気づいていなかった）。

ここでエリーは、日本とスコットランドの違いに直面する。日本では「商売や家のために結婚相手を決めるのが当たり前」なので、エリーを選ぶならマッサンは住吉酒造を辞めてくれと優子に言われてしまう。

それでもなんとか、ウイスキーの夢も夫婦の愛も死守することに成功したものの、一難去ってまた一難——。今度はふたりの夢「マイホーム」探しにつまずく。大方の予想通り、外国人だからという理由で断られてしまうのだが、外国人夫と結婚していた女性キャサリン（本名は種子／濱田マリ）の口利きによって、家を借りることができた。その後は、ご飯の炊き方で一騒動。「はじめチョロチョロ　なかパッパ　赤子泣いても蓋取るな」という炊飯の極意をエリーは優子から学ぶ。のちに優子が、住吉酒造の経営の危機を救うために気の進まない相手との結婚を決めるエピソードのとき、優子が「日本の女は蓋開けたらあかんのに」と言うところとうまくリンクしている。優子はまた、エリーに「日本の女はどんなに心で泣いていても、ニコニコ笑顔でいるものだ」ということも言い聞かせるが、それがドラマ終盤で効く伏線だったとは、リアルタイムで観ていたときには思いもよらなかった。

在日外国人にとっての戦争

エリーにとって最大の試練は、ドラマ後半にはじまった戦争だ。北海道余市にわたり、マッサンがいよいよウイスキーを造りはじめると、戦争の影がひたひたと押し寄せる。スコットランドが属するイギリスと日本が戦争中のある日、外を歩くエリーは男の子たちから「非国民、国に帰れ、鬼畜」とそしられ、石を投げられる。以来、家の中に閉じこもるエリー。日に日に戦況が悪化すると、外国人はスパイ容疑をかけられて拷問に遭うおそれも出てきた。キャサリンが英国に逃げる船があるとエリーを呼びに来るが、その船に乗るには英国籍でなければいけない。この間だけでも離婚すべきか悩むマッサンとエリーだったが、迫りくる特高警察に対し、マッサンが「死ぬときもわしとエリーは一緒です。エリーを連れていくんならわしも連れていけ！」と男前なところを見せる。

しかしここでマッサンに対し、親しい人物（小池栄子）から「いくら心は日本人ですって言ったところで、誰がどう見たってエリーさんは外国人だもの」と厳しいツッコミが入る（心配してのことではあるが）と、それを否定できない。外見の差異なんて関係ない、心こそが大事と思って生きてきたものの、ことここに至ってどうすればいいか、思い悩むマッサンとエリー。

この深刻な話に及んだ第20週の平均視聴率が22・9％とかなり高いのは、ここまで『マッサン』を観てきた人たちが「エリー頑張れ」という気持ちになっていたからだろう。あるいは、彼女が外国人であることで、理不尽な仕打ちの数々をやや客観的に観ることができたのかもしれない。いずれにせよ、英語の使用が禁止されていたこの時代、カレーライスを日本語に言い換えなければならないといったエピソードは、いま観返すと、2017年3月、道徳の教科書検定の結果、教材に登場する「パン屋」を「和菓子屋」に変更することになったニュースと重なり、戦時中の出来事が絵空事でもない気がした。

戦局が進み、ウイスキー工場では働き手の男たちが召集されると、代わりに女性が肉体労働に従事する。「国のためにたくさん子どもを産むのが（女の）仕事」ともされ、エリーを含む多くの日本人が苦しむ。『マッサン』の中で最もショッキングな場面は、エリーが少年に包丁をつきつけられる瞬間だろう。詳細についてはあえて省くが、そのときの少年の言葉は、人間と人間が敵味方に分かれる戦争の残酷さが痛烈に表現されていた。

終戦を迎えても、しばらくの間、エリーは立ち直れない。そんな彼女を、英国から帰ってきたキャサリンが、並木路子の『リンゴの唄』とエリーの生き様をつなげて、「(つらくても）ず〜っと笑ってきたんやろ?」とねぎらう。ドラマの初期の頃、優子が「日本人はしんどい時でも他人の前では笑っているものだ」と言っていたが、エリーはこの時、もう十分に立派な〝日本人〟になっていたと感じさせる場面だった（第138話）。

内助の功とブレンド

マッサンとエリーの夫婦愛がみなぎる『マッサン』の最終週には問答無用で泣かされたが、この作品の核は第5週「内助の功」に描かれていたように思う。それは、意地っ張りな明治生まれの男・マッサンを、まだ日本のしきたりをよくわかっていないエリーが「内助の功」を発揮して助けるという、なんとも痛快なシーンだ。「内助の功」とは、夫を陰で支えることであり、それが転じて、知らない顔をして妻が夫をうまく操ることでもあるとドラマでは語られている。

あるとき、マッサンはウイスキー製造事業の立ち上げを認めてもらうべく、勤務先・住吉酒造の株主たちに向けてプレゼンテーションをしたものの、彼らの口には合わず不穏な空気が漂う。そんな中、エリーがさっそうと登場して故郷スコットランドの代表的な料理をふるまうと、たちまちウイスキーがすすむ――そんなエリーの「内助の功」が場を救ったのだ。

組み合わせによって〝ハーモニー〟が生まれ、意外な相乗効果をもたらすことは、酒と食事の関係にとどまらず、マッサンとエリーの夫婦の関係にも通じる。ワインの用語でそれは結婚にたとえて〝マリアージュ〟と呼ばれているが、マッサンのウイスキーとエリーのソウルフードとの掛け合わせの妙は、日本人のマッサンとスコットランド人のエリーの、民族を超えた結婚がもたらした幸福とも重なって、初期のまとめとしてはまさとに口当たりのいい週だった。

ついワインにたとえてしまったが、ウイスキーの世界には「ブレンド」という用語があるので、そちらのほうがふさわしいかもしれない。マッサンは余市のウイスキー工場でブレンドの技術を磨き、その技術を後輩たちにも伝えたいと考えるようになる。

ウイスキーは「ブレンド」によって、〈さまざまなモルトウイスキーの強い個性と穏やかなグレーンウイスキーのやさしさが調和し、単色では表現できない重層的な世界が出現〉するという（サントリーの公式サイト内「ウイスキーミュージアム」）。その世界は、国際結婚したエリーとマッサンの生き様とも重なる。

異なる価値観へのまなざし

脚本家の羽原大介は、異なるものの調和、融合によって新たな世界の誕生を希求する、といったメッセージを『マッサン』の底流に据えていて、戦後70年の年に制作された作品にふさわしいものに仕上がっていた。

羽原は、ブルーリボン賞作品賞、日本アカデミー賞優秀脚本賞などを受賞した『パッチギ！』（2005年／監督：井筒和幸）では、1960年代の京都を舞台に、日本人と朝鮮人との友情や恋を描いている。また、日本アカデミー賞最優秀脚本賞などを受賞した『フラガール』(2006年/監督:李相日)では、やはり1960年代、福島の炭鉱に進出してきたアメリカ文化(常磐ハワイアンセンターとフラダンス)に対する葛藤を描くなど、彼の異なる価値観へのまなざしが、個性的な物語を生み出してきた(2作とも監督との共同脚本)。

マッサンとエリーとの関係を、マッサンの造るウイスキーとエリーの料理に重ね合わせることで明快に伝えた『マッサン』を見て思い出したのが、彼による香港映画のリメイクドラマ『ダブルフェイス』(2012年/TBS・WOWOW)の、とある場面だ。

『ダブルフェイス』は、ヤクザと警察という異なる世界を行き来する男たちを2部構成で描いた作品で、そのうちの「潜入捜査編」の冒頭、ビルの軒先で雨宿りをする主人公の西島秀俊と香川照之の傍らに、子犬がダンボール箱に入れられ捨てられている。通りかかった少女が拾おうとしたが、父親に止められ、箱に戻される子犬。その哀れな姿が、西島と香川に重なる。彼らはどちらも組織の「犬」だった。潜入捜査のためヤクザになった刑事、刑事になったヤクザ、各々、ふたつの顔をもって生きている彼らは、ドラマの中で決して弱音をはかずずっとクールにふるまっているが、その内心では、どっちつかずのよりどころのなさに打ち震えていて、まるで捨てられた子犬のようではないか? と思った(女性視聴者は、強がったりカッコつけたりしている大の男たちと、しょんぼりした子犬を重ねて見て、キュンとしてしまう)。

翻ってマッサンも、内面をエリーに見せず、カッコつけている。羽原は『連続テレビ小説 マッサン Part1』（NHK出版）のインタビューで、〈プライドにこだわって意地を張ったりするところも、男性の多くが共通して持っている部分ではないでしょうか〉と衒《てら》いなく明かしている。たしかに、第6週「情けは人のためならず」で、マッサンは仕事のない自分の代わりに働くと言うエリーに対し、「おなごは家の事だけしとったらええんじゃ！」「おなごは黙って男の言う事聞くもんじゃ！」と、女性が聞いたら怒りそうなことを平気で口にする。

しかし、そこですかさずナレーションが入り、「外国人のエリーが外で働いてつらい思いをするのが心配」なのだとマッサンの内面を説明し、彼は決して男尊女卑じゃないですよとばかりにフォローするものだから、たいていの女性視聴者は、振り上げた拳を引っ込めるどころか、やはりキュンとなる。

脚本家・羽原と俳優・玉山の〝ハーモニー〟は、映画『綱引いちゃった！』（2012年／監督：水田伸生）においてすでに発揮されていた。玉山がマッサン役に抜擢されるきっかけにもなったこの作品は、女性の綱引きチームの奮闘を描いたもので、コーチ役を演じた玉山は『綱引いちゃった！』の脚本を読んで、〈公雄のキャラクター像のふり幅がすごい部分と突拍子のない部分があって、彼にウザさやかわいらしさを兼ね備えて愛らしいキャラクターとして作り上げたいと思った〉（「玉山鉄二が見据える、遠回り覚悟の今後　際立つ〝ひらめき〟の真意」映画.com　2012年11月9日）と語っているが、マッサンにも、そのユーモラスな要素が踏襲されているように思う。

つかこうへいイズム

羽原の脚本作には、その手のかわいいカッコつけキャラが散見される。前述の『パッチギ！』では、高岡蒼佑（現・高岡奏輔）演じる、朝鮮高校で番長として大暴れしている青年が、つきあっている女の子から電話で突然「別れよう」と言われた時の動揺の描写が見事だった。ふだん粋がってケンカしているのに、女子には翻弄されてしまう姿が微笑ましい。

こういう男たちの内心を、『マッサン』のように言葉（ナレーション）で説明する描き方もあれば（多分、視聴者層が幅広い朝ドラだからわかりやすくしているのだろう）、言葉にはせずに、『ダブルフェイス』における子犬と男たちのような隠喩を用いるなど、表現方法は作品ごとに異なるが、いずれにせよ、言動と内心とが違っていることのやりきれなさや愛しさが、羽原脚本にはいつも滲んでいる。

この作風、いつかどこかで観たことがあるような気がしてならない。

男性が強がって、意地を張れば張るほど、哀切の情が湧くという作品の最たるものと言えば、つかこうへいの作品だろう。つかは1970年代から活躍し、一大ブームを巻き起こしたカリスマ劇作家だ。戯曲では岸田國士戯曲賞、小説では直木賞、脚本では日本アカデミー賞最優秀脚本賞とあらゆるジャンルの賞をとり、彼の芝居で輝いた俳優には風間杜夫、平田満、阿部寛、小西真奈美、石原さとみなど数知れない。つか作品に魅了され、彼に師事していた羽原の描く男性像に、つかのそれが重なるのも、不思議ではない。

2010年に亡くなったつかの戯曲は、最近では『若者たち2014』(脚本：武藤将吾／フジテレビ)に引用されているし(橋本愛や広末涼子が劇中劇を演じた)、『ごめんね青春！』(脚本：宮藤官九郎／TBS)では、『蒲田行進曲』の銀ちゃんとヤスを演じた風間と平田が共演したことが話題になるなど、その影響は未だはかりしれない。

『マッサン』でもつかの娘・愛原実花や、つかの舞台で主演していた風間や池田成志、北区つかこうへい劇団員だった神尾佑や成河らが続々登場し、マッサンとエリーに絡んでいたが、それはいやがおうでも、羽原とつかの関係を思い起こさせた。

たとえば、つかの『蒲田行進曲』。スター俳優から落ち目になっても虚勢を張り続ける銀ちゃんと、その銀ちゃんが捨てた女・小夏を嫁にした弟分のヤスが、彼女を愛しながらも乱暴に扱ってしまう。『熱海殺人事件』では、ナルシストでサディスティックな部長刑事と、彼の愛人である婦人警官が、お互い、気持ちがあるはずなのに素直になれず、別れてしまう。……とにかく男がドS。にもかかわらず、憎めない。それは、ドSの言動の中に、愛が垣間見えるからだ。

ただし羽原作品の男性には、つかほどのドSさはなく、マイルドだ。犬でいえば、つかの男子がドーベルマン、羽原男子はシェパードだろうか。それが舞台と映像の差によるものなのか、それとも時代の違いのせいなのかはわからないが、いずれにしても、羽原男子のマイルド化されたキャラクター、つまり、ちょっとヤンチャなツンデレ男子は魅力的だ。

正直に言ってしまうと、男性の意地っ張りは、女の側からすると少々面倒くさい。「言動の裏にある思いに気づいてもらいたいけど、気づいていないふりをしてほしい」「さりげなく内助の功を発揮してほしい」「あくまで男を立ててほしい」と、女に依存しているわけだから。つか作品では、女が生き生きと輝いていたら世界は平和なのだという思いが貫かれているので、それだけ女の力に期待していると理解できなくもない。羽原作品でいえば、綱引きで会社を救おうとした『綱引いちゃった！』やフラダンスで炭鉱町を盛り上げる『フラガール』などが、輝いている女性を描いた映画である。

そして『マッサン』である。タイトルは男性の名前で、主人公も男性ではあるが、むしろ妻・エリーの頑張りのほうが際立ち、マッサンに陽光を注ぐ構図となっている。いわばエリーが「主」であり、マッサンが「従」だった。それこそ、ドラマの舞台である大正〜昭和初期は、女性が男性に尽くし、従うのが当たり前だと思ってしまいがちだが、朝ドラではそうとは限らない。前作の『花子とアン』では明治、大正、昭和の時代の流れの中、家と男のために女が道具のように扱われていることに、花子（吉高由里子）の親友・蓮子（仲間由紀恵）は抗っていた。そして『ごちそうさん』『あまちゃん』『梅ちゃん先生』『純と愛』『カーネーション』……と、朝ドラのヒロインたちは、男性に尽くすというよりは、むしろ男性に支えられて、ありのままに、思いのままに生きていく印象が強い。

女性視聴者を意識するといきおいそうなるだろう。『マッサン』開始当時の2014年に放送された人気ドラマだと、女同士のマウンティングや建前だけでなく本音も赤裸々に見せる『ファーストクラス』（フジテレビ／脚本は『べっぴんさん』の渡辺千穂）の場合、主人公（沢尻エリカ）を筆頭に、登場する女性たちは男に全く頼っていなかった。高視聴率を誇った『きょうは会社休みます。』（日本テレビ）でも、何もしないヒロイン（綾瀬はるか）に対し、男性が至れり尽くせりのもてなしをするという、夢のような恋が描かれている。

かろうじて『梅ちゃん先生』では、ヒロインの兄や父の内面が描かれていたが、それは

『結婚できない男』『白い春』（いずれもフジテレビ）などで男の意地を描いてきた脚本家・尾崎将也の個性だろう。また、前述の『花子とアン』では、蓮子の夫・伝助が無骨で粗野な振る舞いの裏に秘めていた繊細さを、吉田鋼太郎が演技で膨らませた結果、後半、その裏側のキャラが立っていった。

エリーとは何者だったのか

ドラマが面白くなるのは、男と女が、それぞれ一方的に自分の主義主張を通すのではなく、それこそ、お互いに理解しようと絶妙な〝ハーモニー〟を奏でた瞬間だ。『マッサン』では、異なる環境や文化で育ったヨーロッパ人女性が、近代の日本の文化を学んでいくことで、これまでの「女に尽くされたい男」と「その構造を転換したい女」といった対立軸に、新たな視点を提示している。つまり、日本人女性が今さら近代の女の生き方を演じるのではなく、異国の女性が当時の男女の生き方を学んでいく姿だったからこそ、観る者もこれまでとは違う新たな感覚が呼び起こされたのだろう。

ドラマの前半、エリーが「夫、ご主人様、旦那様」は英語でhusband、「家長」はking、「妻、嫁、奥さん」はwifeで、家の奥のことをする仕事、いわば「女中」がhousemaidであると知り、「マッサン、王様！　私、女中？」と聞く場面や、仕事仕事でエリーとの時間を全くとらないマッサンに対し、「仕事と私、どっちが大事?」「ハグもない、『アイラブユー』もない!」「スコットランド人、ファミリー一番大事!」などと責め立てるシーンがあった。これが日本人同士の会話だったらなんともベタな台詞としか思えないところだが、〝明治生まれ〟の外国人のエリーに言わせたことで、「日本は昔から何ひとつ変わってないじゃないか」とあらためて考えさせられるものとなった。

もしや、お米の炊き方、内助の功といった日本らしさとは、異国の人にとってだけではなく、平成生まれの日本人などにとってもカルチャーショックだったのではないか。とすれば、エリーをいまどきの日本の若者に置き換えて考えることもできるかもしれない。

第2章

食らうことは生きること
——『ごちそうさん』——

主人公：西門め以子（旧姓：卯野）
舞　台：東京・大阪
時　代：明治〜昭和（終戦直後）

普通の夫婦の物語

「ＮＨＫアーカイブス」は、ＮＨＫの過去の映像コンテンツ（一部）を観ることができる貴重なサイトだ。朝ドラの場合、作品ごとに大まかなあらすじが1〜4分程度にまとめられている。また、このサイトには番組に関する情報も記載されていて、「〝朝ドラ〟のヒロイン夫婦」という特集記事をのぞくと、朝ドラでは意外にも、夫婦をじっくり描いた作品が少ないことがわかる。

特集で取り上げられているのは、第7作『旅路』（１９６７年）、第10作『虹』（１９７０年）、第34作『澪つくし』（１９８５年）、第46作『君の名は』（１９９１年）、第56作『あぐり』（１９９７年）、第68作『こころ』（２００３年）、第76作『どんど晴れ』（２００７年）、第82作『ゲゲゲの女房』（２０１０年）、第87作『純と愛』（２０１２年）、第89作『ごちそうさん』（２０１３年）、第91作『マッサン』（２０１４年）である。

〝夫婦もの〟と定義されているが、たとえば『君の名は』は本来、夫婦になる以前の男女のすれ違いが見どころであるし、『あぐり』も『こころ』も途中で夫が死んでしまう。『澪つくし』では、ヒロイン（沢口靖子）が海の事故で夫（川野太郎）を亡くし再婚するが、元夫はじつは生きていたという話だった。近年の作品で『ゲゲゲの女房』『ごちそうさん』『マッサン』と夫婦二人三脚で円満にすすむケースが続くのは珍しい。

朝ドラのヒロインはたいてい結婚するものの、夫の活躍が描かれることはあまりなく、夫婦が二人三脚で最終回まで歩む作品が意外と少ない（〝女の一代記〟がテーマであることが多いので、とくに問題ではないが）。

いずれにせよ、朝ドラのヒロインたちはさまざまな仕事に従事する傍ら、並行して恋、結婚、出産、育児を経験するというパターンが多いが、その流れの中で、『ごちそうさん』の制作統括をした岡本幸江の視点は一風変わっていた。もはや、女性が何かの職につくという夢の実現を描く時代ではなくなり、〈私たち世代にとっての成功とは違うところに、幸せを見出している人がたくさんいるなかで、朝ドラだけがずっと上をむいていくのはどうなんだろう〉〈だったらもう、普通の夫婦の話にしよう〉と考えていたという（脚本家・森下佳子インタビュー『連続テレビ小説読本Vol.２』洋泉社）。

食らうことは生きること

２０１３年の第89作『ごちそうさん』は、社会現象になった『あまちゃん』の俊番組だ。いやがおうでも注目は集まるが、脚本を書いたのは森下佳子。２００９年、ＴＢＳの日曜劇場『ＪＩＮ―仁―』で最終回25・３％、２０１１年の続編でも最終回26・１％と高視聴率を叩き出した人物で、当然、観るほうの期待も高まる。

この〝普通の夫婦の話〟として企画が立ち上がった『ごちそうさん』は、東京の洋食屋の娘として生まれた食いしん坊の主人公・め以子《いこ》（杏）が、結婚して大阪に移り住み、どんな時でも、夫とその家族を〝食〟によって笑顔にしようと奮闘する物語だ。

オムレツ、スコッチエッグ、ぬか漬け、とろろ納豆あんの袋揚げ、柿の葉寿司、鶏のフォン、蛸飯、牛すじカレー、焼氷《やきごおり》……と毎回毎回、美味しそうな料理が出てきた。家庭でも作れそうな庶民的なメニューが多く、とりわけヒロインが大阪に嫁いでからの家庭料理――戦時中の物資が少ないなかで工夫する料理――は興味深いものばかりだった。

フードスタイリストは、映画『かもめ食堂』（２００６年）、『深夜食堂』（２００９年〜）、『南極料理人』（２００９年）など、食事の魅力を作品のヒットに結びつけたとされる飯島奈美。ほかにも、『孤独のグルメ』（２０１２年〜）など食べ物を扱ったドラマや映画が好調で、続々とグルメ系の作品が作られていた時代に『ごちそうさん』は合致していた。

とはいえ、単に、食べる楽しみを伝えるだけの作品ではなく、脚本家の森下佳子はもっと根源的な部分に切り込んでいる。第１話のナレーション（吉行和子）にも、その決意が強く表れていた。

「これはものを食らう物語でございます。食べずには生きることができぬ人間たちの物語でございます」
「食べることを愛し、食べさせることを愛した」
「食らうことは生きること。命のまぶしさを、命を愛したひとりの女の物語でございます」

〝食〟に関していえば、同じく夫婦を描いた『ゲゲゲの女房』で、主人公（松下奈緒）の父（大杉漣）がお見合い相手の村井茂＝水木しげる（向井理）のことを、次のように評した場面が思い出される。

「あの食べっぷりがええ。ものの食い方には人間の品性が出るだぞ。生きる力がどれだけ強いかは食い方を見ればわかる。生きるということはすなわち食うことだからな。あの男はええ」

まるで、この台詞を引き継ぐかのようなナレーションからはじまった『ごちそうさん』。ナレーションの吉行和子は、め以子の祖母として出演し、亡くなった後は魂がぬか床に宿ってめ以子を見守り続けるのだが、生前には「食べたい力が強いってことは、生きる力が強いってことだよ」との言葉を残している。

『ごちそうさん』は、普通の夫婦が最後の最後まで、〝食〟を通じて生きる力のたくましさを見せつけてくれるドラマだった。

「あなたを一生食べさせます」

過去の朝ドラには、心に響く台詞がたくさんある。そのいくつかは本書でも引用しているが、個人的にベストワンをあげるとしたら『ごちそうさん』のこれだ。

「あなたを一生食べさせます。だから私を一生食べさせてください」（第24話）

1922（大正11）年、め以子は、帝大で建築学を学ぶ西門悠太郎（東出昌大）に向かって、こうプロポーズしている。国立社会保障・人口問題研究所「出生動向基本調査」結果によると、ほぼ同時期（1930年代）における見合い結婚と恋愛結婚の割合は、見合い結婚が約70％と圧倒的だったが、明治生まれのめ以子は〝自由結婚〟に憧れを抱き、「赤い糸で結ばれたひとと突っ走りたいの」と夢を語っていて、珍しい存在といえる。

しかもこの時代、女性からプロポーズするのはかなり勇気のいる行為だったはずで、さらに「あなたを一生食べさせます」ときた。こうした場面で男が「食べさせる」といえば、本来「養う」「生活費をまかなう」といった意味を持つが、彼女の場合は「食事をつくる」という意味であり、続けて本来の意味であるところの「食べさせてください」と付け加えるあたり、彼女のキャラクターがよく出ていてユーモラスだ。

しかしながら、これほどまでに情熱的なプロポーズを受けたにもかかわらず、悠太郎は一度それを断っている。それまでのふたりの、ケンカするほど仲のいい雰囲気や、め以子が思い切ってプロポーズする流れがじつによかっただけに、ショックを受けた視聴者もいたのではないか。もっとも、ドラマ前の情報で、ふたりが夫婦になることを知っていた視聴者も多かったはずなので、これで終わるわけがないとは思いつつ、もやもやしながら続きを観ることになった。

悠太郎が断った理由は、彼の家が複雑な事情を抱えていて、め以子が苦労するに違いないと慮《おもんぱか》ってのことだった。最終的には、「あなたとおったらどんなところでも平気や。いつでも笑っていられる」と心を決めた悠太郎が、「一生食べさせる権利を僕にください」と求婚することで、ふたりは無事結婚。このように結ばれるまでの流れは、ラブストーリーとしてよくできていた。

〝食〟の効果と意義

１９９６年の第54作『ひまわり』（脚本：井上由美子）では、司法修習生のヒロイン（松嶋菜々子）が、親権問題で揉めているケースに関して、弁護士の先輩（壌晴彦）から次のように諭されるシーンがある（第11週）。

「人間関係にこうすべき姿なんてありませんよ。同じ男と女の組み合わせでも、それこそ千差万別ですからね。このケースはこうとかあのケースはこうとか決められないんですよ」

「予測や計算の立たない世界ですからね」

確かにその通りではあるが、『ごちそうさん』ではその千差万別なケースの中にも、たったひとつ同じところがあると説いている。め以子が通っていた女学校の先生（奥貫薫）が、卒業式のシーンでこう言う。

「これから世界に出たら、うまが合わない人もいるでしょう。食べなければ人は生きていけない。あなたと私がどこがどれほど違っていようと、そこは同じなんです」

め以子と悠太郎も出会った直後は口論を繰り広げるなど、うまが合っていなかった。出会いは最悪、というのはラブストーリーの王道で、森下佳子は〝食〟を通じて徐々にふたりの距離が近づいていくさまを劇的に描いた。

最初は、帝大生のインテリ悠太郎と、食べることに一生懸命な野生児のようなめ以子は、お互いの言動が気に入らず、まさに水と油のような関係だった。しかし、「料理は科学」であるという悠太郎の理系の知識を使い、め以子の料理が一段と美味しくなると、そこからふたりは急速に惹かれあっていく。

さらにふたりの結びつきを強めたのは、「味覚の違いの克服」だ。納豆が大好きなめ以子が、納豆が食べられない悠太郎になんとか、その美味しさをわかってもらおうと調理の仕方に工夫を重ねる。その結果、ついには食べてもらうことに成功。食べ物の好みに違いがあったとしても、努力で乗り越えられるという美談が誕生した。

こうして〝食〟を通して結ばれたふたりだったが、誰に対してもこの方法が有効かというと世の中そんなに甘くない。め以子がひどく苦労するのは、大阪に嫁入りしてからだ。

そして、ドラマとしてはここからいっそう面白くなっていく。

朝ドラ名物〝嫁いびり〟

２００年続く大阪の名家・西門家に嫁ぐと、め以子は、朝ドラ名物ともいえる〝嫁いびり〟の洗礼を受ける。その生活は、正式に嫁とは認められず、〝女中〟呼ばわりされるところからはじまった。西門家は父（近藤正臣）が訳あって外に出てしまい、夫・悠太郎が10代のときから家長となっている。母（宮崎美子）は継母で、悠太郎とは血がつながっていない。もとは芸妓で着道楽、家計が苦しいにもかかわらず着物をたくさん買うなど、家の内情をあまり気にしない。妹（高畑充希）は無口で人見知りが激しく、何を考えているのかよくわからない。め以子にとって、なによりの天敵は義姉（キムラ緑子）。め以子を嫁として認めないのはこの義姉で、ことあるごとに意地悪をする。彼女なりに理由はあるのだが、その仕打ちはかなり陰湿で、め以子も思わず、「おねえさんは意地悪だし、お義母さんはいい加減だし、妹は卑怯もんだし」と弱音を吐くほどだ（このいびり方というのも朝ドラの見どころのひとつなので、『ごちそうさん』におけるキムラ緑子の虐めも視聴者の関心を集めた）。

ただ、その中で救いになっていたのが、森下佳子の脚本のうまさと杏が持つキャラクター（明るさ）だった。虐めを受けたあとのリアクションが、怒りにしても悲しみにしてもどこかカラッとしていて、不快感がない。『ごちそうさん』の視聴率が高かった理由のひとつは、どんなときでも持ち前のユーモアとバイタリティで乗り切っていくところでもあるといえるだろう（基本、朝ドラのヒロインは「明るく、さわやか」だが、め以子のように、怒っても泣いてもカラッとしていたヒロインといえば、1997年の第56作『あぐり』のヒロイン〈田中美里〉が思い出される。彼女はものすごくつらいときにこそ、笑う人物だった。2017年の第96作『ひよっこ』でも、井上ひさしの『ひょっこりひょうたん島』の歌詞を引くかたちで泣かずに笑おうと主人公を鼓舞している）。

また、本作品では、嫁と嫁ぎ先との確執を、東京と大阪の味の違いに重ね合わせているのも、脚本のうまさといえた。移り住んで最初の頃のめ以子は、大阪の味になじめず苦労するが、やがてその味を覚えていく。この東と西の食文化の違いを乗り越えることは、ドラマの後半でも丹念に描かれた。

ごちそうさん流　戦争との折り合いのつけ方

ところで、第二次世界大戦が起こると、め以子の息子と悠太郎も出征し家に不在だったことや、終戦後に闇市で商売をしようとして邪魔されたことなど、さまざまな要因が重なると、め以子はアメリカに対して敵愾心《てきがいしん》を抱く。そんな中、GHQの人間に弁当を用意することになり、つくったおにぎりを喜んで食べる彼らの姿を見ため以子は、女学校の卒業式で言われた、〝どんなに違っても食べる点においてはみな同じ〟であることを実感する。だが、そう簡単にわだかまりは消えない。次男（西畑大吾）の戦死が確実になり、絶望したため以子は、どうしてもアメリカ人が許せなかった（その頑なな思いは、あの食い意地の張っため以子が、アメリカ兵にもらったチョコレートを絶対に食べないというところに表れていた）。

150話におよぶ、め以子の半生のクライマックスは、この憎むべきアメリカ人と〝食〟を通じてどう折り合いをつけるか、だった。

野球が好きな長男（菅田《すだ》将暉）の甲子園出場の夢を守るために、アメリカ人の要求に従い、最高の日本料理を振る舞うと、め以子は「美味しい顔って同じなんですよね」「食べないと生きていけない」「忘れんようにしないといけませんね。命をかけて争うことの違いは何もないいんや」という思いに至る。

また、悠太郎の継母も、「ひとはみんなひとりや。それぞれ勝手がちゃう。理屈もちゃう。そやからこそ、腹の底からひとつになれる瞬間はごっつうありがたいんやってわかるんやで」と語っているように、徹頭徹尾、〝食〟が人間関係を解決した。その一方で、「男性の心を得るには胃袋をつかむことが先決」とはよくいわれるところだが、このシンプルだけれども極めて重要な真実を、改めて噛み締めさせられたドラマでもあった。

ドラマの強さと普遍性

さて、円満な夫婦として描かれため以子と悠太郎だが、一度だけ、離婚の危機があった。家を出た父についてめ以子が口を出した際、悠太郎が「家のことに口を出すな」と怒ると、め以子も負けじと「私を幸せにするっていったじゃないですか。私の気持ちより自分の気持ちが大事ってことですね」と歯向かって家を飛び出したのだ。

しかし、これはちょっとした人間関係のスパイスといった感じで、おおむね夫婦仲はいい。なんといっても、悠太郎の出征中、め以子が空襲から逃れるために駆け込んだ避難先が、悠太郎の手がけた地下鉄の駅だったというエピソードは感動的だ。「悠太郎が守ってくれた」とうれしく思うめ以子を見て、心を震わす視聴者は少なくなかったと思う。

悠太郎が実母を火事で亡くしたのは、木造家屋の火のまわりが早かったことが原因だった。その件がきっかけで、彼は鉄筋コンクリート造の建築物を研究テーマに据え、帝大で学んできた。市役所の建築課に勤める悠太郎は、関東大震災を機により強固な建築物の必要性を感じつつ、地下鉄の駅の建設に携わっていた。その成果がのちに妻の命を守ったわけだ。妻に「〝食べさせて〟もらっていた」夫の、この面目躍如のエピソードに、男性視聴者もテレビの前で拳を握ったことであろう。

そして、ドラマはいよいよ佳境に突入する。はたして悠太郎は生きて再び祖国の土を踏むことができるのか――。終戦から2年近くが経過し、誰もが前を向いて動き出していたが、め以子だけは時が止まったように悠太郎の帰りを待っている。大阪で再会して以降、何かと助けてくれた幼なじみ（和田正人）が再婚話を切り出しても、「2年も経ってない」と断って、悠太郎の好物だったカレーをつくり復員を待ち続ける。ここから先、ネタバレになってしまうので、もし『ごちそうさん』を観ていない方がいたら大変申し訳ないが、結論を言ってしまうと、悠太郎は帰ってくる。その際、彼が持って帰ってきたものと台詞によって、最後の最後まで〝食〟の物語であることが示された。

　ただ、それは、単に美味しいものを食べて笑顔になってめでたしめでたしというものではなかった。人間は自分以外の〝命〟をいただいて生き延びていく。それが人間のもつ本能であり宿命であるとともに、〝生きること〟が、ある種の残酷さも引き受けたものであることを暗に示しながら締めくくったところに、このドラマの強さと普遍性を感じるのだ。もちろん、〝食〟の物語としてだけではなく、〝夫婦〟の物語としても、見事にまとまっていた。悠太郎とようやく再会後、め以子は頑なに食べないでいたチョコレートを口にしていたが、そこには、すてきな〝普通の夫婦〟の姿があった。

　こうして〝食〟を軸に〝普通の夫婦〟を描くという企画は成功し、全話平均視聴率は22・3％と、『梅ちゃん先生』『あまちゃん』を超え、『あまちゃん』で築いた朝ドラへの期待感を確実に引き継ぐという役割も成し遂げた。トリッキーな『あまちゃん』のあとに、ユーモアを残しつつ、朝ドラのテッパン、明治、大正、昭和（戦中戦後）のオーソドックスな物語をしっかり描ききった『ごちそうさん』の出来が、その後の朝ドラブームに勢いをつけたといってもいいだろう。ドラマ終了後、主演の杏と東出昌大が結婚したことも、ドラマの〝後味〟をより良いものにした。

最後に、『ごちそうさん』が放送された2013年前後は、「誰かとともに生きる」ことを、あらためて捉え直す時期だったとはいえないか、という点もつけ加えておきたい。

2011年の東日本大震災をきっかけに〝震災婚〟が増えたり、逆に〝震災離婚〟が増えたりという現象が報じられたが、『ごちそうさん』と同じ2013年、フジテレビで『最高の離婚』（脚本：坂元裕二）が放送されている。これは、震災で帰宅困難になったときにともに過ごした男女（瑛太、尾野真千子）が結婚したものの、2年経って価値観の違いが露呈し、結婚したことに悩みはじめ離婚届を出す物語を、もう一組の夫婦の関係と並行して描いていた。離婚届を出したもののお互いが気になってならない、ふたりのもどかしい思いが視聴者を釘付けにしたわけだが、ひとりでは不安、でも、ほんとうにこのひとでいいのか——そんな思いに駆られていた時期でもあったことを、忘れたくない。

第3章

妾と女中と正妻と

――『あさが来た』――

主人公：白岡あさ（旧姓：今井）
舞　台：京都・大阪
時　代：江戸末期～大正

江戸、明治と激動の時代を生きたヒロイン

１９８５年に男女雇用機会均等法が制定されてから30年の２０１５年にはじまった第93作『あさが来た』は、１９６１年の朝ドラ放送開始以来、はじめての幕末スタートの作品として注目が集まった。

主人公あさ（波瑠）のモデルは実業家・広岡浅子（１８４９－１９１９）。京都の豪商に生まれ、大阪の両替商に嫁ぐと、銀行、生命保険会社（大同生命）、女子大学校（日本女子大学）などの設立に尽力した人物だ。「七転び八起き」どころではない「九転び十起き」を信条とする広岡浅子の人物像にならって、ヒロインが江戸から明治へと続く激動の時代を全力で駆け抜け、女だてらに事業を興していく姿は痛快だった。

視聴率も高く、最終回が27・０％で、全１５６話の平均は23・５％。これは、21世紀最高の数字だ（２０１７年3月時点）。

今世紀いちばんのヒット作となったその要因は、おおまかにいってふたつ考えられる。ひとつめは、これまで主に戦後の女性の生き方を描いてきた朝ドラが、男尊女卑の意識が極めて強い時代を舞台にしたことによって、女性の生き方についていっそう深く考えさせる、いわゆる朝ドラらしい朝ドラになっていたこと。２０１３年の第88作『あまちゃん』

で朝ドラに新しい若者の視聴者を獲得して以来、年配の視聴者を置き去りにするような先を行き過ぎた作品もあったなかで、原点回帰的なつくりを目指したことが幅広い層を満足させた。

女性観は永久に変わらない？

ＡＫＢ48による前向きな主題歌『365日の紙飛行機』に乗せて、女性がなかなか自己実現できなかった江戸、明治時代に青春期を送った主人公が自己実現の突破口を開いていく。でも、その道は険しい。たとえば、ドラマ終盤の第133回で、あさと彼女の会社の幹部・山崎平十郎（辻本茂雄）が女子の大学校の創立についてこんな会話を交わす。

平十郎　「この先、この国がいくら発展したとしても、おなごに対する考えが根本的に変わる事は永久にないでしょう」

田村宜（吉岡里帆）「永久にって……」

平十郎　「あ……すいません。言葉が過ぎました」

あさ　「いいや。本音言うてくれはっておおきに。へぇさんの言葉はうそがあれへんさかい、口先だけおなごの力が大事とか、おなごも男とおんなじにとか簡単に言うてる人の言葉より、よっぽど身にしみます。そうだすなぁ。長年当たり前に考えられてきたもんを変える事はほんまに難しい。せやからこそ、まだ懲りてへん言われても、恐れずに飛び込むピングインはぎょうさんいてなあかんのだす。もしうちがフカにパクッと食べられても、すぐにもっともっと立派なピングインがようけ生まれるよう婦人の頭脳を開拓しとかなあかん。そのための大学校だす」

「ファーストピングイン(ペンギン)」とは先駆者的な意味合いで、ドラマはあさを「ファーストピングイン」として描いていく。

「この先、この国がいくら発展したとしても、おなごに対する考えが根本的に変わる事は永久にないでしょう」なんて言葉は、平成29年の今でこそ、ずいぶん大げさに思えるが、ドラマの時代(明治)では当たり前だったのだろう。筆者が取材した脚本家の大森美香も、「当時の女性は調べれば調べるほど大変だったことがわかる」と語っていた。1970年代に女性解放運動が起こり、1985年に男女雇用機会均等法が生まれるとは、当時の人々は思いもよらなかったに違いない。

理想的な夫婦像と現実の差異

ヒットの要因に話を戻すと、そのふたつめは、あさを支える夫・新次郎（玉木宏）の人物像だ。

幼いころに出会ったあさは頭にカエルを乗せて走り回るような、型破りな性格の持ち主で、そんなあさに惹かれた新次郎は、彼女の許婚になると、以後、死ぬまでずっと妻を愛し抜いた。

男勝りのあさが商売上の恨みを買い、刺されて死にかけたときも、「あんたに惚れてます。あんたのすることなぁ、何でも応援したげる。何にも怒れへん」などと女冥利に尽きる台詞を吐く新次郎。自分は仕事に興味がなく、芸事が好きでふらふらとしていたものの、とにかくあさを自由に泳がせ、精神的に支えてきた。そうした設定が、演じる玉木宏の魅力と相まって大きな効果をもたらした。

妻に理解ある、見目麗しい夫と、女性にはできないとされてきた事業の道を邁進《まいしん》していく妻——『あさが来た』では、極めて理想的な夫婦像が描かれており、ふたりの強い絆にはほかの誰も入り込む余地はなかった。

しかし、それはドラマというフィクションの世界だからこそ。実在のモデルである広岡家の当主である浅子の夫・信五郎には、妾がいたのだ。浅子が嫁入りするとき実家から連れてきた、ムメという名の女中である。それは決して倫理に反することではなく、当たり前とされていた時代だった。

あさが生まれた江戸時代の将軍家には、ひとりの男のために集められた何十人もの女で成る場・大奥があり、男は側室をもつのが当たり前だった。側室はいなくなっても妾は残り、その慣習は明治時代、憲法が改正されるまで合法だった。しかも、妾は決して日陰の身ではなく、正妻と同じくらいの権利が認められていた。

１８７１（明治４）年の戸籍法では「妻妾二親等」とされている。１８８２（明治15）年の改正によって、この妾制度はようやくなくなるが、それでも正妻以外の女性との間に子どもをもうけることはなくならず、妾の子どものほうが優遇されることすらあった。正妻の子どもが女で、妾の子どもが男だった場合、である。

妾が当たり前だった時代

『あさが来た』に妾は登場しないが、あさが妾について悩むエピソードは描かれている。

新次郎と結婚したものの、あさは仕事に力を注ぎ過ぎて、なかなか子どもが授からない。明治４年に廃藩置県が行われ日本が変わっていくなかで、まだ政府は頼れそうもない。生き残るため独自に商いの道を考えることにしたあさは、筑前の炭坑を買おうと決意する。だがそうすると、旦那さまのお世話ができない。あさは悩みに悩んだ末、妾をかってくれと新次郎に伝える。「家のためには世継ぎが必要」とやきもきする新次郎の母（風吹ジュン）はこの件に乗り気で、さっそく新次郎の三味線の師匠だった美和（野々すみ花）を妾候補にする。

ところが、いざ美和が白岡家の近所に引っ越してくるという日、葛藤するあさは、自分が提案したこととはいえ、やはり妾をもつのはやめてほしいと涙ながらに新次郎に訴える。じつのところ、新次郎は、はなから妾をとるつもりはなかった。こうしてふたりの絆はいっそう深まる――。『あさが来た』のなかでもとりわけ好評だったこのエピソードが放送されると、『週刊ポスト』が『あさが来た』で妾が描かれないことについて批評する記事を何回かにわたって掲載した。そこでは小林よしのりが〈明治の時代には、お家を残すために妾がいることは当たり前だったわけで、単身で炭鉱に乗り込むなど過激な描写に挑んできた『あさが来た』には、そこから逃げてもらいたくない。正妻と妾の葛藤や、当時の道徳観を描いてこそ、本物のドラマになるはずです〉（2015年11月27日・12月4日号）と語っている。

だが、結局、小林よしのりの希望はかなわなかった。

妾にならない女たち　妾をもたない男たち

『あさが来た』に登場する女性はひとりも妾にならない。

新次郎の妾候補になった美和も、妾になるには、三味線の仕事を辞めるよう条件を提示され、それはできないと断ってしまう。

白岡家には、実在の妾ムメをモデルにしたと思しき人物・ふゆ（清原果耶）がいて、やさしい新次郎に憧れるふゆは「妾でもいいから」と渾身の告白をするところまでは描かれている。だが、新次郎は「こないな事したら自分を傷つけるだけだす。それからなぁ……『うちなんか』いう口癖ももうやめなはれ。金輪際自分を卑下したらあかん。もっと自分に誇り持ってな」と毅然と彼女を退ける。

また、新次郎はあさと結婚する前は、それなりに遊び人だったような描写がありながら、結婚したら浮気はしない、女性にとって理想的な男性として描かれている。

そして『あさが来た』では、「妾をかこってください」「妾にしてください」と女に言わせるだけで、男が妾をもつこともない。

原案となった古川智映子の『小説 土佐堀川――女性実業家・広岡浅子の生涯』（潮出版社）には書かれていないが、『あさが来た』には、新次郎のほかにあさに思いを寄せる人物が出てくる。実業家であり、大阪商法会議所の会頭でもあった五代友厚（ディーン・フジオカ）だ。この男、実際のところ広岡浅子とどれほど親しかったのか、あまり資料が残っていないため不明だというが、脚本家・大森美香の想像により、あさを導く重要な役割を担うことになった。夫の新次郎が精神的な支えでしかない分、仕事面でサポートする人物が必要だったのだろう。女性視聴者にとっては、この頼れるイケメンふたりに主人公がはさまれ、心揺らす三角関係の構図はたまらないものとなった。

ちなみに、ドラマでは最後まで、五代友厚に妻がいるのかいないのか明かされることがなかった。ただ、織田作之助の小説『五代友厚』（現代社）には、五代の養子竜作が記した「友厚覚書」が収録されていて、それによれば、五代は１８６７（慶応３）年に結婚し、後に故ありて離婚後、再婚している。

ところが、ドラマでは、結婚生活に関する五代の言動が一向に見られない。むしろ、ずいぶんとあさに惚れ込んでいるふうに描かれていた。あくまでも『あさが来た』はフィクションなので独身の設定なのかと思い、大森に直接尋ねてみた。すると、五代に妻がいることを台本に何度か書いたものの、なぜかそこはいつも制作スタッフによりカットされていたという。また、大森としては、新次郎の妾にならなかった美和と五代を〈ふたりは大人の分別がつくタイプなので、なにか特別な心の交流があってもいいだろうと思いながら書いていました〉（大森美香『あさが来た　白岡あさ・新次郎語録』扶桑社）とのことだ。

筆者の想像でしかないが、愛人関係のようなものに対して、視聴者が拒絶反応を起こす可能性を考慮し、そう思いたい人は思えばいいし、思いたくない人は思わなくていいというグレーゾーンに制作スタッフがとどめたのであろう。前掲の原案『小説　土佐堀川——女性実業家・広岡浅子の生涯』には、浅子と夫と妾ムメのことが書いてあるほか、浅子の姉・春の母は女中であったことにも触れている。ドラマで宮崎あおいが演じた、あさの姉・はつは、春をモデルにしたと思われるが、ドラマでは姉妹に生まれの差はない。1985年の第34作『澪つくし』（脚本：ジェームス三木）のとき、ヒロイン（沢口靖子）は妾の娘であり、本家とのシビアな関係も描かれていたが、いまのご時世、小林よしのりの言うように、そのあたりになかなか切り込めないのが、最近の朝ドラの限界なのかもしれない。

愛人や妾を描いた作品

朝ドラでは描かれないが、他の時間帯のドラマには、正妻と妾のドラマはたくさんある。映画『黒い十人の女』（1961年／監督：市川崑）が、バカリズムの脚本により、2016年にテレビドラマでリメイクされた。テレビ局のプロデューサーが9人もの愛人を囲っていて、その女たちが結託して男の殺害を企む話で、時代設定だけを現代に置き換えていた。被害者である女たちが結託して男に復讐する題材は、2006年『不信のとき〜ウーマン・ウォーズ〜』（フジテレビ）などでも描かれている。こちらは、男が正妻と愛人の間をうまく渡り歩こうとした挙句、大変な悲劇に見舞われる。

舞台に目を移すと、ジャン・コクトーの『声』を下敷きに、2016年に平野啓一郎がはじめて書き下ろした戯曲『肉声』（作・演出：平野、構成・演出・美術：杉本博司、主演：寺島しのぶ）が妾を主人公にしたもので、副題は「妾・語り」だった。時代は戦時中、プールとフェンシング場があるル・コルビュジェの建築を思わせる邸宅に住まわせてもらっている妾の暮らしを描く。平野は戯曲が掲載された『新潮』2016年12月号で、〈あんな立派な妾宅を建てる施主も相当な趣味人だが、それに値し、気持ちよく散財させてしまう女性の方も、よほど魅力的であったに違いない。囲われているのか、囲わせているのか。妾というのは、社会的には日陰者であろうが、これなら、当時の家父長制度下で正妻となるより、女性の生き方としてはずっと自由だったのではないか〉と書いている。

そういう考え方もあるわけで、正妻と妾という生き方は、前述の法律の改正も含め、探究しがいのあるテーマだ。

三味線の師匠の真実

『あさが来た』に登場する「妾」と「女中」とは、実際どのようなものだったのか。「女中」の存在は、ドラマ『家政婦のミタ』（日本テレビ）を挙げるまでもなく、「家政婦」というかたちで残っている。昭和のくらし博物館館長の小泉和子が編集した『女中がいた昭和』（河出書房新社）には、女中の暮らしがつぶさに記されており、昭和戦前期まで女中はかなりポピュラーな存在だったことがわかる。参考までに、昭和34年頃の女中の平均給与は3586円で、全産業住み込み女子労働者の平均月額（3629円）とほぼ同程度だ。

一方、「妾」の待遇については、『三大遊郭』（幻冬舎新書）などの著書がある堀江宏樹の記事「現代の派遣社員？　江戸時代、女性の隠れた人気職業は「妾」だった！」（マイナビウーマン　2014年11月28日）でうかがい知ることができる。

同記事によれば、妾とは妻公認の存在であり、別宅を与えられていたため、江戸時代には自営業者にもなりえた。江戸時代では働く場所も限られているので、1人の男に縛られる結婚を望まず、実家の両親の世話にもなりたくない女性は、妾になっていたという。

さらに妾は、複数の男性と関係を持つことが認められていて、5人の男性で1人の女性をシェアする関西発の「安囲い」のシステムが江戸時代後期に広まると、5人の旦那がいれば現在の価値にして月収50万円、ひとつきの半分が休日という〝厚遇〟もあったようだ。

しかも、空いた時間には三味線や踊りを習い、妾の卒業後は「お師匠さん」として悠々自適の「おひとりさま道」を進んでいったというから、妾は立派な選択肢だったのだろう。

この記事を読んだ時、筆者は『あさが来た』で新次郎の妾候補となった美和のことを思い出した。いまもよく、てっとり早く稼げる実入りのよい水商売をしてお金を貯め、エステやネイルサロン、飲食店など自分のお店をもったり、ダンス教室を開いたりする女性がいるが、昔からのやり方だったのだなと思う。

これに対し、美和はドラマの中盤で洋食屋を開くと、あさたちのビジネスにおける情報交換の場にもなった。そしてドラマの終盤、その店に常連として通っていたあさの会社の幹部・平十郎と、美和は第二の人生を歩むことになる。結婚したのかどうかはっきりとは語られていないが、とにかく一緒に生きていく約束をしたようだ。

「五代となにかあったのではないかと匂わせた」と大森が語った美和が、唯一、江戸から明治にかけてのある種の女性像を担っていたともいえる。彼女によって歴史的な妾の存在をなかったことにはせず、さらにその可能性を前向きに描き出した。

女性に求められた子どもを産むこと

主人公のあさに話を戻そう。

新次郎が亡くなって、四十九日の法要の合間、あさとはつは「お家を守れたか」と確認し合っていた。彼女たちは最後の最後まで、嫁ぐ際に父母から言い聞かされた、「家を守ること」に縛られて生きていたのだ。

あさは次々と事業を成功させたものの、「子供を産み育てるいう事は、ほかのどんな新しい産業興すよりもお国のためになる」(五代)という意識が当たり前のこの時代、男の子を産むことができず、肩身の狭い思いをした(「家を守ること」は、婿をもらうことで対処した)。

一方のはつは、男の子をふたり産んで「家を守った」ものの、「子を産む事しかでけへんくせに」と自らを恥じる場面があったように、必ずしもその生き方には満足していない。

それぞれ忸怩《じくじ》たる思いを抱きながら生きてきたが、あさもはつも夫に先立たれ、やがてひとりになる。ふたりは並んで、「ようやったなぁ。よう頑張りました」と互いをねぎらってはいたが、まだまだ、女性たちがやりたいことを好きなように、自由にできる時代ではなかったことを、大森はチクリと刺している。

しかし終盤、次世代の女として登場した平塚らいてう(大島優子)の存在意義が、そこで明確になってくる。この後、彼女をはじめとして、この時代の家父長制度に異を唱える女性が出てる。けれども、あさが勉強会で「国が育ったらもっともっとみんな幸せになれる思うてたのに、こない生きづらい世の中になってしもたんは、何でなんだすやろなぁ?」

と言うように、その後のらいてうたちが拓いた女の道だって、決して完全なものではない。その時代、その場所で、あさやはつのようにできることを精一杯やって生きていくしかなかったのだろう。

明治時代が求めた恋愛という概念

佐伯順子の『「色」と「愛」の比較文化史』（岩波書店）にはこうある。

〈『日本情交の変遷』（明治二〇年）は、「封建制下男女情交ナキノ情態ナリ」として、徳川時代における「情交」の存在を否定している。これは、近代的な恋愛に相当するものが江戸時代には不在であったという主張である〉

同書では恋愛なき江戸時代を経て、明治以降、恋愛や夫婦愛が描かれるようになるまでの流れを検証している。尾崎紅葉が『三人妻』という妻と三人の妾をもった男の、「色」を描いた小説を発表したのち、『金色夜叉』で愛を描いているが、〈明治文学には〝夫婦愛ブーム〟ともいうべき現象が生まれる。好色から夫婦愛へ。紅葉の作品世界の変容はそのまま、明治の読者の男女関係をめぐる関心の変貌でもあったのである〉と指摘する。文明開化は、日本人の男女が一対一の対等な関係になることでもあったという見立てだ。

『あさが来た』はちょうどその頃の物語である。大森美香は、わざわざ福沢諭吉を登場させているが、人間の対等を訴えた福沢の存在も、『あさが来た』の登場人物の男女のあり方を支えるものになったといえよう。

『あさが来た』の男性たちは、そのほとんどが女性にやさしく、妾もつくらずひとりの女を愛し抜き、女性のやりたいことのために手を貸してくれる人たちばかりだった。これは、脚本を書くにあたってたくさん調べて知った、昔々に苦労しながら亡くなっていった女たちへの、大森なりの弔いではなかったか。あさやはつとは違って、うまくいかなかったたくさんの女性たちのために、大森美香は最高の夢を描いたのだ。そして、その夢の象徴こそが、妾をもたない、白岡新次郎や五代友厚だった。『あさが来た』は明治時代の「恋愛」「夫婦愛」の理想を求めた、文学のようなドラマだったのだ。

『あさが来た』のラストシーンはこうだ。

新次郎「ご苦労さん。今日もよう頑張ってはりますな」
あさ　「へぇ、旦那様（台本には♡はついていないと思うが、♡がついているように聞こえた）」
新次郎があさのほっぺたに触れる。ふたりいつまでも見つめ合う……

「今日もよう頑張ってはりますな」の台詞を聞いたとき、筆者はビューネくんのCMを思い出した。「なぐさめて抱きしめる　メナード薬用ビューネ」というコピーで、女性が働いて疲れて家に帰ってくると、イケメンのビューネくん（人間の姿形をしているが妖精っぽい）が癒してくれる化粧品のCMだ。１９９９年に藤木直人が初代ビューネくんとして登場し、注目された。その後、押尾学、松田翔太が歴代ビューネくんを務めた。２０１６年に放送されたスナック菓子のCMで小栗旬が猫を擬人化したようなキャラを演じているものも、これに近い。〃がんばる女性にイケメンの癒し〃の需要は高く、この手の表現は後を絶たない。

大森美香はかつて、働く女が若い男子を飼うように同居させる漫画『きみはペット』のドラマ化（２００３年）に際し、脚本を書いている。働く女のツボを押さえているだけに、『あさが来た』の最終回でも、女性がうれしくなるようなまとめ方を選択したのだろう。

明治時代の文学が求めた夫婦愛、恋愛のかたちから、時代はずいぶん進化したものだ。

鎮魂の物語

『あさが来た』では、女を決して男の犠牲にしない。あさの幼い頃から奉公している女中のうめ（友近）は恋もせず結婚もせず、「おあさ様をおなごの一生を懸けてお守りするうめさん」と周りから称されるほど、ひたすらあさに尽くしていた。この時代、結婚せず、女中として仕えた家のお嬢さんを守る仕事があったわけで、親の決めた人と結婚することも不自由だが、結婚、出産をしないまま、他人の子どもに仕え続けるのも、さぞ不自由だったことだろう。

そんなうめが白岡家の店の大番頭・雁助（山内圭哉）と、次第にいい雰囲気になっていく。しかし、彼には故郷に残した妻がいた。店を辞めて故郷に帰った雁助が工場で頭を打ち意識不明になったとき、うめが見舞いに行くと、焼けぼっくいに火がついたようになる。だが、雁助には妻がいる。それでも、妻との仲は冷え切っていて仕事の関係でしかない、とうめに気があるそぶりをする。

ふたりの恋はどうなる？　と視聴者をヤキモキさせたその結末は、「シェイクハンド（握手）」でお別れ。雁助は、いまひとつ責任ある男風に描かれない。妻には冷たく、うめにはやさしい。その違いは何か——うめは考える。正解は出てこないが、うめの選択がその答えだろう。妻と完全に別れたわけではない男にはついていかない、懸命な判断である。

これが別の物語なら、「ついていったのになかなか別れてくれない」と悩みながら、ひとりよりは誰かがいてくれたほうがマシと思って生きるようなストーリーになる。現代劇にはよくあるパターンだ。たとえば、東村アキコの人気漫画を原作にした2017年のドラマ『東京タラレバ娘』(日本テレビ)。同番組は、朝ドラ出演経験者でキャストが固められていて、『花子とアン』の吉高由里子と鈴木亮平、『あさが来た』の大島優子、『瞳』の榮倉奈々、『とと姉ちゃん』の坂口健太郎、『おひさま』の田中圭、『べっぴんさん』の平岡祐太と見事なほどの勢揃いっぷりで、そのヒロインの友人ふたりが揃いも揃って、恋人や妻がいる男とつきあってしまっているが、『あさが来た』では女が男に依存するようなことは決してなかった。

ただ、最終的に大森美香は、妻に先立たれた雁助がうめと、たまには手紙でお互い元気であることを確認しあおうと話す場面を描くことで、やや期待をもたせた。

こうして振り返ると、男の都合によって生き方を変える女がひとりもいなかった『あさが来た』は、歴史のなかで男に人生の選択権を握られていた女たちへの、鎮魂の物語だったといえないだろうか。

第４章

純愛と道ならぬ恋
――『花子とアン』――

主人公：村岡花子（旧姓：安東）
舞　台：甲府・東京
時　代：明治〜昭和（戦後）

〝想像の翼〟と「ごきげんよう」

2014年の第90作『花子とアン』には、こんな台詞がある。

「曲がり角を曲がった先になにがあるのかは、わからないの。でも、それはきっと……きっといちばん良いものにちがいないと思うの」

これは、児童文学『赤毛のアン』に出てくる台詞をなぞったもので、ドラマの主人公のモデルは『赤毛のアン』（ルーシー・モード・モンゴメリ）の翻訳者・村岡花子。その孫・村岡恵理が書いた評伝『アンのゆりかご　村岡花子の生涯』（新潮文庫）を原案に、『ドクターX～外科医・大門未知子～』シリーズ（2012年～／テレビ朝日）、『ハケンの品格』（2007年／日本テレビ）、『やまとなでしこ』（2000年／フジテレビ）などのヒット作を連発し、2018年の大河ドラマ『西郷《せご》どん』の脚本にも抜擢された中園ミホが、『花子とアン』の脚本を書いた。

その最終回に、『赤毛のアン』の出版パーティーの場面がある。あいさつに立った花子（吉高由里子）は、関東大震災、愛する息子の死、戦争……と〝曲がり角〟だらけだった半生についてこう振り返った。

「どんなに不安で暗い夜でも必ず明けて朝がやってきます。（中略）それは物語の中でアンが教えてくれたことでした」

たとえ今はつらくとも、未来にはきっといいことが待っている――。〝想像〟することの大切さは、『花子とアン』の初回から強調されていた。美輪明宏がナレーションで、「はな（花子）は小さいころから、夢見る力を持っていました。（中略）こうやって想像の翼を広げれば、どんな鳥よりも高く飛ぶことができるのです」と語っているのだ。

この〝想像の翼〟と、毎回、番組の終わりに美輪が呼びかける「ごきげんよう」、このふたつが、まるで曲がり角を切り抜けるための魔法の呪文のように、全156話中、おりにふれ視聴者の心に響いた。

「ごきげんよう」には〈ごきげんよくお過ごしください、よいことがありますように、お幸せでいらっしゃいますようにと、相手をふんわりと気づかうオールマイティで上品な言葉〉という意味合いがあり、これは中園ミホが以前、美輪から聞いたことだという（『連続テレビ小説　花子とアン　Part1』NHK出版）。

その記憶から「ごきげんよう」と語りかけてくれるナレーションには美輪しかいないと考えた中園が出演をオファーすると、美輪は「人間、ご機嫌がよければなんとかなります」と応えたという（中園ミホ『ぐーたら女の成功術』文藝春秋）。

『花子とアン』の平均視聴率は、２作前の話題作『あまちゃん』（２０１３年）よりも高く、のちになって『あさが来た』（２０１５年）と『とと姉ちゃん』（２０１６年）に抜かれてしまうものの、放送終了時点では、朝ドラが再び脚光を浴びるようになった２０１０年代でトップの数字だった。その人気は、〝想像の翼〟と「ごきげんよう」というふたつのキーワードによってなにごとも乗り越えようとする力に支えられていた。

虐げられた者たち

朝ドラに〝洗い立ての白いハンカチ〟のイメージをもっていた中園は、脚本の依頼を受けたとき、躊躇したそうだ。たしかに洗い立ての白いハンカチのように染みひとつない清潔なイメージは、朝ドラのヒロインに対する大方の印象だ。中園は２０１３年、第31回向田邦子賞を受賞した際のインタビューで、〈私は、完全無欠の人とか、清廉潔白な人とかは書けないし、書きたいとは思わないです。ちょっといびつで、ときどき人の道に外れることをしてしまうんだけど、愛すべき人々を書いている〉（映人社『ドラマ』２０１３年７月号）と語っているほどだから、戸惑うのも無理はないだろう。だが、『アンのゆりかご』を読んで、中園の心境は一変する。村岡花子が、従来の朝ドラのヒロイン像を覆す人物であることがわかったからだ。

村岡は富豪の娘ばかりが入学する名門・東洋英和女学校（ドラマでは修和女学校）の出身ではあったが、じつは貧しい農家の生まれで、給付金をもらって学校に通う苦学生だったところに魅かれたという（前掲『ぐーたら女の成功術』）。

ドラマのはじめ、山梨県甲府で貧しい生活を強いられている主人公の安東はな（村岡は結婚後の姓）は、自分の名前を「はな」ではなく、優雅な印象のある「花子」と呼んでもらいたがる。このエピソードは、アンのスペルが「Ａｎｎ」でなく「Ａｎｎｅ」であると主張し続けた、『赤毛のアン』ではお馴染みのエピソードと重なる（この思いを貫いたはなは、やがて「安東花子」〈結婚後は村岡花子〉と名乗るようになる）。

父・吉平（伊原剛志）は行商人だった。母・ふじ（室井滋）は狭い田舎の世界から出られない生活を送っていて、日本各地に出かけては見知らぬ土地の話を聞かせてくれる吉平に惹かれて結婚。もうけた４人兄妹のひとりが、はなである。

幼いはなは畑仕事などを手伝う傍ら、父の土産の本（『おやゆび姫』）によって本を読む喜びを知ると、やがて都会の学校で学びたいと考える。父は「勉強はうんと努力して頑張った奴が勝つ。身分や金持ちかどうかなんて関係ねえ」という、当時としてはなかなか進歩的な人物で、はなの向学心を応援する。こうして金銭的に無理して入った女学校ではあったが、そこでの生活が、はなの人生を大きく変えた。

はなが出会ったのは、彼女の身を立たせてくれた英語と、生涯支え合うことになる、ふたりの〝腹心の友〟醍醐亜矢子（高梨臨）と葉山蓮子（仲間由紀恵）である（モデルとなった村岡花子は、『赤毛のアン』でbosom friend〈親友〉を〝腹心の友〟と訳していた）。

醍醐は典型的なお嬢さま。一方の蓮子は華族の出ではあるものの、婚外子（愛人の子）であるがゆえに不遇をかこっていた。蓮子は、のちに世間を賑わすスキャンダル「白蓮《びゃくれん》事件」を起こした、大正天皇の従妹・柳原燁子《あきこ》（のちの歌人・柳原白蓮）がモデルだ。後述するが、このスキャンダルこそ、この章のタイトルとした「道ならぬ恋」そのものだった。

道ならぬ恋

中園ミホは、貧農出身の苦労人・はなと、不遇な家庭環境から脱して「道ならぬ恋」に走る蓮子に特別な思い入れをもってドラマを紡いでいて、『花子とアン』では、道を外れる蓮子に対し、はなは「道ならぬ恋」否定派として描かれた（朝ドラにはよくある対立構造だ）。

もっとも、はなのモデルとなった村岡花子も、じつは人の道に外れていた。仕事で知り合った村岡儆三に妻がいたにもかかわらず、略奪愛に近いほどの熱烈な愛情を交わした末、離婚した儆三とスピード結婚しているのだ。ただし、朝ドラでは『カーネーション』（2011年）でヒロインの不倫を否定する視聴者が多く（第10章参照）、『花子とアン』では主人公が人の道から外れることを自主規制したのか、はなは英治（鈴木亮平）を好きになるものの、彼が妻帯者と知って一度は諦め、やがて妻を病気で亡くしたのちに晴れて結婚するという、配慮ある流れになっていた。

その代わりというわけではないだろうが、はなの父が行商先の新潟で出会った女性と不倫をし、その女性がはなたちの住む甲府まで来るというエピソードがある（〝男の浮気〟〈疑惑も含む〉も朝ドラ名物のひとつだ）。結果的に、これは不倫相手の狂言だったことが発覚し事なきを得たが、ドラマが中盤に差しかかったところで、ついに蓮子のドラマが燃え盛る。こちらは、ある程度、史実に近くなっていた。

蓮子は、九州の炭鉱王・伊藤伝右衛門をモデルにした嘉納伝助（吉田鋼太郎）と結婚している身でありながら、編集者で社会運動家・宮崎龍介をモデルにした宮本龍一（中島歩）と駆け落ちをする。『花子とアン』では、このエピソードが思いきりドラマティックに描かれていて、その女心のツボを押さえに押さえたメロドラマ展開に視聴者は大いに沸いた。

倫理に反するかどうかはさておき、恋愛に障害があればあるほど盛り上がるのは、かの世界的名作の例を見ても明らかだろう。

障害があるから燃える

障害があるからこそ燃え上がる恋の世界的代表といえば、シェイクスピアの『ロミオとジュリエット』だ。中園ミホは、これを『花子とアン』にうまく挿入する。

女学校時代、はな（以下、花子とする）たちは大文学会（文化祭）で『ロミオとジュリエット』を演じている。花子が脚本と小間使い役を担当、蓮子はジュリエット、醍醐がロミオだ。「この日（大文学会の日）はふたりにとって生涯忘れられない記念日になりました」と美輪のナレーションで締められたこのエピソードは、『ロミオとジュリエット』の戯曲が、のちの蓮子の人生を予言するようで、大きな効果をもたらしている。

『ロミオとジュリエット』は、400年以上も前につくられた戯曲ながら、永らく日本でも愛され、上演され続けている。蜷川幸雄による、大沢たかお×佐藤藍子、藤原竜也×鈴木杏、菅田将暉×月川悠貴など、人気俳優を起用した華やかな上演がよく知られているが、日本ではじめて翻訳されたのは1886年、河島敬蔵が手がけ、上演されたのは1

904年、小山内薫の翻案を伊井蓉峰一座が上演したとされている。

さて、好きになった相手が家同士で敵対していたために、むしろ恋は燃え上がり、やがて死に至ってしまう若いふたりのわずか5日間の恋物語に、蓮子が出演を決めたのには、深い理由があった。

それは、家族（おもに兄）への復讐——。華族の出身とはいえ、正妻の子ではないため、家族の愛を受けることなく生きてきた蓮子は10代で嫁ぎ、子をなす。だが、夫とうまくいかず子どもを残して出戻ると、周囲の目や体裁を気にする兄が蓮子の存在を疎ましく思い、世間から消そうと女学校に入学させたのだ。

幽閉同然ともいえる家族の仕打ちを恨み、「あの人たちが一番大事にしてる世間体をぶちこわしてやりたい」と考えた蓮子は、ジュリエットとして表舞台に立ち、文化祭で堂々と主役を演じることで、自分の存在をなきものとしようとした家族に、目にもの見せようと思いつめる。

もともと教養があるうえ、容姿も端麗（大正三大美人と言われるほど）な蓮子は、みごとな演技で客席を沸かせる。苦々しい気持ちで芝居を観ていた兄を横目に、蓮子と花子は校舎の外へと駆け出す。そのときの蓮子の表情はじつに晴れやかだ。花子にとっても、女学校の厳しい規則にがんじがらめになっていたこともあり、障害を飛び越えて愛を貫くこの演目を成功させたことに、心躍らせる。

やがて蓮子は、愛する人と駆け落ちする道を選び、花子はその後もずっと想像力の翼を広げ続け、童話作家、翻訳家へとはばたいていく。

女の友情

〝腹心の友〟となった花子と蓮子だったが、当初、蓮子は花子のことを相手にしていなかった。しかし、花子の書いた脚本に「感動した」と言って、彼女の訳を積極的に取り入れたり、蓮子のアイデアを花子が脚本に活かしたりすることで、徐々に友情を深めていく。

貧しいけれど家族の愛を知っている花子と、お金はあるけれど家族の愛を知らない蓮子。正反対に見えて、ふたりには共通点もある。自分の置かれた境遇に抗っていることだ。

花子は、自分の名前「はな」を「花子」にしたいと地道に訴えていて（「花子と呼んで」と言い続けていた）、蓮子も家族が決めた自分の処遇に異を唱えるような行動をとり続ける。そんなふたりが、結果的に意気投合するのも、不思議ではないだろう。明治時代、女は自分の意志とは無関係に、奉公に出されたり嫁がされたりした。その間、ドラマでいうところの〝パルピテーション（ときめき）〟を感じることも許されず、男が、自分以外の女性と関係を持ってもじっと耐えていた。そのような世相において、自らの思いを貫こうと懸命な花子と蓮子の行動は実に痛快だ。

女学校卒業後も何かと助け合ってきたふたりだったが、ここで人生の曲がり角を迎える。開戦前にふたりは袂《たもと》を分かつのだ。夫とともに反戦活動を行う蓮子にとって、ラジオに出演しては国民の戦意高揚に加担しているように見える花子が許せなかった。

その後、会わないまま7年の歳月が過ぎ、終戦後、ようやく再会。だがこの時、息子を戦争で亡くしていた蓮子は、花子がラジオで「お国のために命を捧げなさい」というメッセージを読んでいたせいだと責めたてる（最終的には友情を取り戻すことになった）。

『花子とアン』ではロマンティックな恋愛が描かれた一方で、男女以上に濃密な愛憎が渦巻いた、花子と蓮子の関係性にも注目が集まった。女学校の文化祭で『ロミオとジュリエット』が女性だけで演じられたときにも感じられた、やや倒錯的な同性同士の秘密めいた情愛も、『花子とアン』を上質なエンターテインメントに仕立て上げた。

夫を嫌った蓮子

実在の人物をモデルにした朝ドラを語るとき、史実とドラマの比較・検証を重ねるうちに、ふたつの物語が混ざってくる感じがする。ドラマの制作者としては当然、ドラマはドラマとして楽しんでほしいのだろう。暮しの手帖社の創設者をモデルではなくモチーフにした『とと姉ちゃん』（2016年）では、途中から、「このドラマはフィクションです　登場する団体や商品は実在のものではありません」というテロップが出るようになった。大河ドラマや歴史ドラマなどでは、自分が知っている歴史と違うともの申す視聴者も多い。登場人物に思い入れがあって、関連書籍や映像にも多く触れた人が、自分の知っていることと違うことに戸惑いを感じるのも否定できない。そして、その熱心なファンの思いとあくまでもフィクションであることとの板挟みに、作り手側は悩むのだろう。

中園ミホの書いた『花子とアン』も、前述した村岡花子と夫の結婚までの経緯をはじめ、史実と違う部分がいくつかあったが、視聴者からも珍しく、肯定的に受け入れられたことがあった。

蓮子の夫・嘉納伝助である。

もともと蓮子は、25歳差の伝助と好きあって結婚したのではなかった（破産寸前の実家を救うための政略結婚だった）。内心では伝助がいやでいやでたまらず、それが原因で他の男の元に蓮子を走らせたほどの人物である。『花子とアン』のなかでは悪役に徹してもおかしくないキャラクターだったが、中園ミホはこの炭鉱王が気に入り、憎めない存在として描いた。前掲『ぐーたら女の成功術』でも、〈嘉納伝助のモデルにした石炭王の伊藤伝右衛門も本当に大好き。学校に行けずに裸で石炭掘りをして、字も読めず、勉強する機会がないまま大人になった人だ。ところが取材のために福岡県飯塚市の伊藤伝右衛門邸へ行ったら、とても美的センスがいい。いかにも成金っぽい、豪華で悪趣味なお屋敷を想像していたのに、感性が素晴らしいこと。震えるほど感動した〉と絶賛している。

中園といえば、過去のヒット作品『ハケンの品格』や『やまとなでしこ』など、現場の声をうまく取り入れて脚本にリアリティを出すことに定評がある作家で、『花子とアン』でも実際に自分の目で見て感じたものを反映させたことが、ドラマをいっそう面白くした。また、伝助を演じた吉田鋼太郎を、育ちが悪く粗野だが（箸の持ち方の下手さなどもしっかり演じている）チャーミングな面もある男にしてみせた（「朝ドラ受け」でおなじみの『あさイチ』の有働由美子アナウンサーが、オンエア中、「伝助と結婚したい」としきりに口にしていたように、同じ思いを抱いていた視聴者も少なくなかったようだ。現に、舞台で活躍していた知る人ぞ知る名優・吉田鋼太郎は一躍人気者になって、彼の劇団公演には女性客が殺到し、映画やドラマで引っ張りだこになっている）。

蓮子と伝助の相性があまりよくない一方で、花子と伝助はなんとなく馬が合うように描かれていた。おそらく、もとは貧しい家の出であることによる共感が、ふたりを結びつけていたという脚本家の解釈であろうが、花子にとって悪い人とは思えない男が、なぜ、その親友である蓮子にとっては絶対的に無理な存在になってしまったのか。

〝蓮子の顔が美しいことにしか魅力を感じていない〟伝助が、蓮子の気持ちをふみにじっていたというエピソードがある。過去、もののように扱われた蓮子にとっては、許しがたいことだったのだろう。それでも、伝助が出資した学校の経営に関われることを結婚の拠りどころにしていたが、伝助が外に出て働くことを許してくれなかったことに、蓮子は失望していた。伝助は蓮子をとても愛しているようなのに、ふたりはどこか価値観が違う。人と人との相性はかくも難しい。

蓮子のモデル・白蓮の純愛道

伝助の魅力がアップしたわけを放送期間中に出たドラマ紹介記事などで知り、「なるほど」と思ったものの、それを読むまでは林真理子の小説『白蓮れんれん』（集英社文庫）などから得た先入観があった筆者は、伝助がなぜこんなにいい人とも思えるように描かれているのだろうと疑問に思っていた。そこで、蓮子と伝助のモデルになった白蓮と伊藤伝右衛門について書かれた本を何冊か読み比べた。

『白蓮れんれん』は主人公が白蓮なので、当然というべきか、彼女寄りに書いてあり、やはり伝右衛門よりも白蓮を応援したくなる内容である。『花子とアン』の原案で花子の孫による『アンのゆりかご』も、やはり白蓮寄りだ。

しかし、もう一冊、ノンフィクション作家・永畑道子の『恋の華・白蓮事件』（文春文庫）は毛色が違い、筆者の印象も少し変わった。同書は、白蓮と伝右衛門の間柄について関係者に取材し、さまざまな角度から検証していて、そこには当時、女性の多くが白蓮に批判的だったと記してある。なにより、冒頭には、白蓮が大阪朝日新聞に寄せた夫への絶縁状と、そのあと大阪毎日新聞に発表された伝右衛門の言い分が掲載されていて、それを読むと、ふたりの見解がまったく違うことに驚く。こうなると『花子とアン』の伝助に同情できる描写も、さもありなんと思えるのだった。

ひとつ面白い解釈があった。斎藤憐の戯曲『恋の華』で、白蓮が自分の悲劇的な人生を演出していたという見方だ。解説の尾形明子はそこに着目しているが、確かに、白蓮は作家なので、そんなこともありそうだ。

〈吾は知る　強き百千の恋ゆえに　百千の敵は　嬉しきものと〉

白蓮の歌集『踏絵』（1915年）に収録されているこの短歌には、どんな障壁があろうとも純愛を貫くという強い意志がうかがえる。

『花子とアン』では、蓮子が駆け落ちの相手の元に走り、美輪が朗々と歌いあげる「愛の讃歌」が流れる中、ひしと抱き合う昔の外国映画のような劇的にロマンティックなシーンは、全156話中、屈指の名場面だ。もしあなたがそうしてほしいと望むなら愛する祖国や友だちも裏切るという「愛の讃歌」の歌詞のように、宮本との生活を送ることになった蓮子は、髪を質素に束ね、国民総動員で戦おうという声に背を向け、花子とも絶縁に至るわけだ。そんな蓮子について、〈恋のためにすべてを投げ打つ人。そんな破滅的な人にも、私は前のめりになる〉と自著に記している中園は、蓮子にこんな情熱的な台詞を書いている。

「人を愛するってどういうことかはじめて知ったの。溢れ出てくるの、どんどん。それをあの人に分けてあげたいの。ほかには何も望まないわ。身分も何もかも捨ててあの人と生きていきたいの」

できれば、お金持ちの男性と結婚したい――。そんな思いから、愛情云々よりも勤務先や年収、肩書などで相手を選ぶという女の生き方が語られるようになって久しい。これまでにも数々のドラマにおいて、合コンで男を値踏みするシーンが描かれている。2003年の朝ドラ第68作『こころ』でも、ヒロイン（中越典子）が合コンに参加し、のちに夫（仲村トオル）となる人物に出会っている（ただし、ヒロインはそれほどチャラくはない）。それから遡ること3年前の2000年、中園ミホのヒットドラマで、最高視聴率34・2％を記録した『やまとなでしこ』の主人公（松嶋菜々子）は、貧乏な家庭に育ちド根性があり、キャビンアテンダントとして働きながら、最高にお金持ちの人を捕まえたいという野心を優雅な微笑みの奥に隠して、セレブな男たちとの合コンに励んでいた。

だが、相手の性格ではなく持ち物で判断するという合理主義を貫いていたはずの主人公が、貧乏な男をお金持ちと勘違いしてつきあいはじめたことから、すったもんだの末、結果的に本当の愛をみつけるという展開は、観ていてとても心地よいものだった。

男と肩を並べて働くことが良しとされた20世紀後半を経て、その反動が出たのか、専業主婦に憧れる女性も増えているのがいまの時代である（ソニー生命保険が実施した「女性の活躍に関する調査2016」によると、働く女性の3人にひとりが専業主婦願望を持っている）。その一方で、この不景気に、世帯主の月収がピーク時より7万円以上も下がっており、妻はその補塡のためにパートに出ざるを得ないと『あさイチ』（2017年4月3日）は「賢く働きたい！パート最新事情」として伝えていた。専業主婦に逃げ場はないらしい。

それゆえか、少しでも条件のいい男性を捕まえるための「モテ」のノウハウは、いまだにメディアを賑わせ続けている。なにしろ、がんばってようやく結婚したあとも、家事に出産、そして育児、仕事……と女に課せられる荷物は多い。歯を食いしばってそれをやってきたのが『おしん』なのだが、おしんのような成功者になるのは相当ハードルが高い。

だからこそ、道を間違えたことで本当に大切な人に出会えた『やまとなでしこ』の主人公や、道ならぬとそしられながらも愛を貫いた『花子とアン』の蓮子のような浪漫にひとときの夢見ごこちになり、『ドクターX』の外科医・大門未知子（米倉涼子）のように実力だけで誰にもなびかず生きていく姿に憧れるのだ。女の迷い道の先には、きっといいものがあると願って——。

第５章

生涯独身《おひとりさま》ヒロイン、あらわる
――『とと姉ちゃん』――

主人公：小橋常子
舞　台：静岡・東京
時　代：昭和５年～63年

おひとりさまブーム

「おひとりさま」という言葉が「独身女性」を指す言葉として使われはじめたのは、20世紀末のことだった。

もともとは、飲食店の店員が客の人数を確認する際、「おひとりさまですか？」などと使っていたものを、女性のライフスタイルのひとつを意味する言葉として使いはじめたのが、ジャーナリストの岩下久美子である。女性誌『ＶＯＣＥ』（１９９９年6月号）に「おひとりさま向上委員会」という記事を執筆・寄稿すると、〃おひとりさまマーケット〃が注目されるようになった。２００１年、岩下はそのものずばり『おひとりさま』（中央公論新社）を上梓。同書には、〈一人客の呼称である「おひとりさま」に新しい意味づけを与えることによって、女性ひとりでの外食や旅行を応援するのが目的〉とある。

そのあとに続いたのが、２００３年に刊行された、エッセイストの酒井順子による『負け犬の遠吠え』（講談社）。１９６６年生まれで、当時、いまでいうアラフォーだった酒井が〈どんなに美人で仕事ができても、30代以上・未婚・子ナシは「女の負け犬」なのです！〉と自虐しつつ、〈負け犬にならないための十ヵ条・なってしまってからの十ヵ条〉を掲げ、いわゆる「おひとりさま」を開き直って謳歌しようと提案したこのエッセイは発売後たちまちベストセラーとなり、講談社エッセイ賞、婦人公論文芸賞も受賞した。

また、かつて女がひとり旅館に投宿すると、自殺でもするのではないか？ と心配されたもので、そもそも女ひとりで泊めてくれる旅館もなかなかなかったところ、おひとりさま用旅行ガイド本なども出版されるようになった。

さらに、それまでミドルエイジの女性が中心だった「おひとりさま」現象を、高齢層にまで広げたのは、ジェンダー研究を専門とする社会学者・上野千鶴子だ。２００７年、『おひとりさまの老後』（法研）が刊行されるやいなや、少子高齢化の時代、爆発的に売れて75万部を超えるベストセラーになった。

岩下久美子は「おひとりさま」を〈「個」の確立ができている大人の女性〉〈〃自他共生〃していくための、ひとつの知恵〉などとしており、〈シングル（独身）主義・非婚提唱・自閉・利己主義は別義〉と自著で定義しているが、いまとなっては「おひとりさま」の捉え方も拡大し、別義としたところも「おひとりさま」と考えられるようになって広く定着した。

朝ドラとおひとりさま

物語の最終回まで結婚しないヒロインという設定は、朝ドラではめずらしいといえ、数少ない作品のひとつに、1981年の第27作『まんさくの花』がある。80年代を舞台にした現代劇で、妻に先立たれてから男手ひとつで娘を育てた父と、ふたりの姉と暮らしているヒロイン（中村明美）が、画家を目指すという設定だった。この年、大河ドラマは『おしん』を手がける前の橋田壽賀子による、女性の視点から戦国時代を描いた『おんな太閤記』が話題を呼んだ。男女雇用機会均等法が施行される少し前、女性の社会進出の気運が高まっていたころゆえのチャレンジだったのかもしれない。

時代はずっと下って、岩下久美子の『おひとりさま』が世に出る1年前、2000年の朝ドラ第62作『私の青空』（脚本：内館牧子）は、はじめてシングルマザーをヒロイン（田畑智子）に据えていた（第6章で詳述する）。

その後、「おひとりさま」ブームを背景に、結婚しない朝ドラヒロインが続々と登場するかというと、そうでもない。

2001年の第64作『ちゅらさん』は、沖縄育ちのヒロイン（国仲涼子）が家族のよさを訴えかけていた。ただ、「負け犬」ブームが起こった2003年の第68作『こころ』は、ヒロイン（中越典子）が夫（仲村トオル）を亡くした後、血のつながらない亡き夫の子どもを育てながら、花火職人の男（玉木宏）と惹かれ合っている。

同年の第69作『てるてる家族』はオリンピック選手と紅白出場歌手を出した家族の物語

で（なかにし礼の家庭がモデル）、ヒロイン（石原さとみ）は宝塚音楽学校に入ったものの、家業のパン屋を継ごうと気持ちを変える。結婚するまでには至らず、身近な存在（錦戸亮）に淡い恋心を抱くのみだった。

2004年の第70作『天花《てんか》』のヒロイン（藤澤恵麻）は、お寺に併設された保育園で働きながら、結婚、出産を経験。同年の第71作『わかば』は、1995年に起こった阪神・淡路大震災の後、神戸で生きる人々の物語で、福山雅治が被災した方々へのエールをこめた主題歌を歌った。ヒロイン（原田夏希）の結婚、出産、育児が描かれている。

前出・上野千鶴子の『おひとりさまの老後』が刊行された2007年の第76作『どんど晴れ』は、ヒロイン（比嘉愛未）が旅館に嫁いで家業を継ぐという、オーソドックスな内容。同年の第77作『ちりとてちん』のヒロイン（貫地谷しほり）は、出産を機に落語家を引退し、裏方をしながら子育てする道を選ぶ。

いずれにしても、生涯独身ヒロインは、本章で取り上げる『とと姉ちゃん』まで登場しなかった。

生涯独身ヒロイン、あらわる

2015年6月、朝ドラの第94作（2016年）が、ドラマ『怪物くん』や『妖怪人間ベム』、アニメ『TIGER&BUNNY』で知られる脚本家・西田征史による『とと姉ちゃん』に決まったと発表された。NHKの公式サイトのドラマトピックスに掲載された企画概要には、次のような一文がある。

〈戦後100万部近い販売部数で一世を風靡《ふうび》した生活総合誌「暮しの手帖」の大橋鎭《しず》子《こ》・花森安治《やすじ》をはじめとする創業者たちの軌跡をモチーフに、小さな小さな女ばかりの家族が、騒々しくけんかしながら、助け合いながら、激動の戦前戦後の昭和を強く明るくたくましく生きていき、やがて自分たちの生活の中から1冊の雑誌をつくり、戦後の女性の暮らしの復興に灯りをともしていく、大いなる希望の物語をお届けします〉

『暮しの手帖』の大橋鎭子は、生涯独身だったことで知られていて、「朝ドラがはじめて生涯独身ヒロインの人生に挑むのか」と注目された。正確にいえば、前項で紹介した『まんさくの花』などのように、結婚しないまま最終回を迎える作品もあるにはあった。だがそれらは、物語がヒロインの人生の途中で終わるので、その先はわからない。

元来、朝ドラの一番の視聴者は主婦だった。序章でも触れたように、元NHKプロデューサーの遠藤利男は『朝ドラの55年』（ＮＨＫ出版）で、『おはなはん』（１９６６年）が〈高度成長期の初期、夫と子供を送り出した主婦たちの「私たちももっとのびやかに、さわやかに生きたい」という願い〉に応えたと語っている。それだけでなく、夫や子どもの出かけた後、家事をしているときの時計代わりにも朝ドラは役に立った。

ところが、そんな主婦が時代とともに徐々に減っているのが現代だ。内閣府が発表した２０１０年の「生涯未婚率」は、１９６０年代より4倍以上も増えている。２０１５年に行われた国勢調査によると、未婚率は過去最高を記録している。

少子化問題も深刻だ。同じく内閣府の出生率調査によると、〈我が国の年間の出生数は、第1次ベビーブーム期には約２７０万人、第2次ベビーブーム期には約２１０万人であったが、１９７５（昭和50）年に２００万人を割り込み、それ以降、毎年減少し続けた。１９８４（昭和59）年には１５０万人を割り込み、１９９１（平成3）年以降は増加と減少を繰り返しながら、緩やかな減少傾向となっている〉とある。

そんな時代にはじまった『とと姉ちゃん』。未婚率が上がっているいま、ヒロインが結婚、出産、子育てという既定路線を歩まなくてもいいはずだ。

仕事を選んだ理由

未婚者は、年収の低い者、美術家・デザイナー、著述家・記者・編集者、研究者といった創作系の職業に就いた者に多いという。時代は違うが『とと姉ちゃん』の常子《つねこ》（高畑充希）も編集者だ。だが、常子は決して仕事が忙しかったから生涯独身を貫いたわけではない。少なくともそれがすべてではない。モチーフになった大橋鎭子も、そこは同じだ。

常子は幼い頃、父・竹蔵（西島秀俊）を結核で亡くすが、その死の間際、父の代わりに母（木村多江）とふたりの妹・鞠子（相楽樹）と美子（杉咲花）を守ってほしいと責任を託された。そこで常子は、父に代わって「家長」となり、女学校を出るとすぐに就職、戦争の惨禍をくぐり抜けると家計を助けるために出版社を設立。家族とともに暮らす家を建てる。

彼女の掲げた生涯目標は、この3点だ。

一、家族を守る
一、鞠子 美子を嫁に出す
一、家を建てる

家父長制度のなかで、家督を継ぐことを期待される長男ならまだしも、おおよそ女の子の立てる目標ではない。

さらに常子は、父の呼び名だった「とと」をも引き継ぎ、「とと姉ちゃん」となる。NHK公式サイトの企画概要ではタイトルの説明として、このように書かれている。

〈生前、何よりも家庭と三人の娘たちを愛した竹蔵は、娘たちに「とと」と呼ばせることで、「怖い父親」が定番だった戦前の時代に、子どもたちとの距離感を近づけようとしました。父亡き後、文字通り「父親代わり」になって奮闘する常子のことを二人の妹たちは、皮肉と愛情をもって「とと（父親）姉ちゃん」と呼ぶようになります。そして常子は、父親の志を守って、昭和を生き抜いていきます〉

「お父さんは怖いもの」という固定観念を覆すための「とと」という愛称を引き継いだ常子は、当時、「男」が任されていた社会的責任まで背負うことになった（ちなみに、常子と似た境遇として、明治生まれの樋口一葉がいる。若い時分に父を亡くした樋口一葉は、明治時代の旧民法による「女戸主」となり、家の存続のため、ほかの家に嫁ぐことをあきらめたと言われる）。

お父さん代わりになった常子は、学校で下ネタのようなダジャレ（おしりをたたいて「桃があるよ」という）を発して、純情な妹・美子に恥ずかしい思いをさせたりする。そんなところまで親父に近づこうとする少女の気持ちが痛ましい。ほんとうは、「何気ない暮らしの中の一瞬一瞬を大事にしてた人（筆者注：ととのこと）だったから。ととになるってそういう事なんじゃない？」（母の台詞）ということだったようなのだが。

さらに、常子は成人してから、知の巨人であり天才的な編集者である花山伊佐次（唐沢寿明）に出会うと、彼の影響を受けて出版業に心血を注ぐようになる。彼を前に「私も人生の全てをかけて新しい雑誌を作ります」と常子は宣言。このとき彼女は結婚ではなく仕事を選んだのであろう。

モチーフになった大橋鎮子の場合は、もっと強烈で、花森安治に「一生結婚しないと誓えるか」と覚悟を問われたという（その花森には妻子がいるのに、なぜ女にだけそんなことを強いるのか謎ではあるが、ここでは措いておく）。ともあれ、常子は多分に自分の意思ではなく、他人（父と師匠）の影響で、いわゆる女性の幸せに背を向けている。

とはいえ恋は不可欠⁉

モチーフになった大橋鎮子に関しては、本人の著書も含め、何冊も書籍が出版されているが、それらに恋愛のエピソードは見られない。しかし、『とと姉ちゃん』のヒロインは恋をする。

プロデューサーの落合将は筆者の取材に対し、〈やはりトータル26週間もありますから、エピソードをいろいろ入れないと盛り上がらない、というのもありますし、人生は、恋愛と仕事の両輪だと思いますので、そこは外せないと考えました〉と常子の恋愛エピソードを描いた理由を語っている（「『とと姉ちゃん』Pに聞いた、なぜ「暮しの手帖」や大橋鎮子や花森安治はモデルでなくモチーフなのか」ヤフーニュース 個人 2016年8月13日）。

この取材の際、落合は〈いつもの朝ドラと違って、恋愛が少ないのが物足りないかもしれないなあ〉とも言い、さらに、こう続けた。

〈もちろん、大橋さんにも恋愛はあったと思います。どこにも書かれていないし、そういうのはあっても、なかなかご本人は自伝には書かないのでは〉

あくまでも、ドラマとして盛り上げたいからというだけで恋愛エピソードを入れたわけではないと強調していた。筆者も、「エキレビ！」で連載している毎日の朝ドラレビューで、チェーホフの『かもめ』からヒロインのニーナの台詞「戯曲というものは、やっぱり恋愛がなくちゃいけないと、あたしは思うわ……」を引用したことがある。主人公が観念的な戯曲を書き、観る者を退屈させる場面で、主人公の恋人のニーナがたしなめるのだ。前作の『あさが来た』で、玉木宏とディーン・フジオカ、ふたりのイケメンにはさまれたヒロイン（波留）のときめきがドラマを盛り上げたこともあり、女性の観るドラマには恋愛要素が不可欠というのは否めない。

常子の恋人として設定されたのは、植物研究にいそしむ帝大生・星野（坂口健太郎）。この不器用なオタク青年と常子は初々しい恋をする。だが、星野が地方へ行くことになり、「一緒に行ってほしい」と言われながら、常子は母と妹を守るために別れを決意する。

哀しい別れから15年。常子が出版社の社長として活躍していると、偶然、星野と再会。彼は結婚して子どもをふたりもうけていたものの、妻を病気で亡くしていたことを知ったことで、人生のすべてをかけて雑誌『あなたの暮し』をつくっていた常子の心が大きく揺れる。星野との関係もいい感じなうえ、星野の子どもたちも常子になついている。このまま結婚すれば、一気に妻にも母にもなれる――そんな思いが頭をもたげたとき、またしても、星野が地方に行くことが決まる。だが、仕事を捨てることのできない常子は、二度目の別れを体験する。なんたる悲劇であろうか！

星野という人物は、演じている坂口健太郎の雰囲気も手伝い極めて好青年だが、愛する人の手助けをしようという意識がまるでないキャラクターとして描かれていた。最初の別れのときは、ただ自分の研究を支えてくれる人を欲するばかりで、母と妹を守らなくてはいけない常子の事情など、まるで眼中になかった。15年後の再会時には、会社が妨害工作を受けて怯える常子に「あなたを守りたい」というようなことを言うのだが、口先ばかりで実際に行動はしてくれなかった。もっとも、恋愛による感情のさざなみを体験したことで、常子の編集者としての仕事に深みが加わったのかもしれないが。

いずれにせよ、二度にわたって結婚よりも仕事を選んだ常子は、生涯未婚率が上がっていると言われる現代社会のロールモデルとして、格好のキャラクターとなったことは確かだ。常子は、家族を大事にし、仕事を粛々と続けていく。モチベーションは、雑誌『あなたの暮し』が40万部売れていることだった。

常子をとりまく女性たち

ここで、常子以外の女性たちの生き方にも目を向けてみたい。

モチーフの大橋鎮子の場合、末の妹も未婚だが、ドラマでは妹ふたりは結婚し出産。次女は専業主婦、三女は仕事と主婦業の両立と、みごとに三人三様に女の生き方が振り分けられた。

また、モチーフである大橋の母は、『暮しの手帖』の仕事にも携わっていたようだ。ドラマのかか（母）は、とと（父）が亡くなると、最初は、父の勤務先から援助金をもらって生活していたが、それが停止されることになって、大家に妾になることをすすめられる（妾については、第3章参照）。幸い妾になることもなく、なんとか母子4人生き延びることができた。ドラマの初期の頃、常子を強く抱きしめるなど、「母の包容力」を発揮していたが、後半はほとんど何をしているのかわからないまま、病気になって亡くなる。あくまで、嫁いだ先の夫の庇護のもとで、家事や子育てをするという当時のスタンダードな役割を全うしたのが、『とと姉ちゃん』のかかだった。

もっとも、外に出て仕事をするかしないかの違いはあるが、モチーフの母もドラマのかかも愛情深い人物だ。大橋鎭子は自著『「暮しの手帖」とわたし』（暮しの手帖社）の中で、〈母は、父を大事にしたように、私を大事にしてくれました。そのとき「母を幸せにしなければ」と、強く思いました〉と綴っている。こんなふうに、モチーフの人物もドラマの人物も、人（家族）のために生きていて、自己主張がない。

そんな中、『とと姉ちゃん』では一時期、女の立場を声高に訴える人物が登場する。常子が最初に勤務する会社のタイプ室の責任者・早乙女（真野恵里菜）だ。この会社、女性社員を雑用係としか思っておらず、早乙女はそれに対抗しようとしていた。ところが、常子が男性社員に頼まれた雑用を気安く引き受けるため、早乙女は「今まで必死に守ってきた私たちの誇りも小橋さんのせいで台無しです」と悔しがる。時代は昭和10年代。採用や配置、昇進などにおける男女差別を禁止した男女雇用機会均等法が制定されるのは昭和60

（1985）年だから、まだまだ半世紀近くある。

その他、「元始、女性は実に太陽であった」と女性解放を謳った平塚らいてう（真野響子）も、『とと姉ちゃん』には登場する。だが、彼女がとんがっていた時代はいっさい描かれていない。らいてうにあこがれていた次女・鞠子が〝アジテーション〟の原稿を書いてほしいと『あなたの暮し』への寄稿を依頼しても、彼女はさらりと〝夏に食べたくなるお汁粉の作り方と随筆〟を書きたいというにとどまる。

「女性の問題も大切だけれど、何よりも平和が一番」

「甘いお汁粉で幸せになれるような平和な日常があってこそ、女性が権利を主張できるのではないかしら」

「考えは変わるものなのよ。そうじゃなきゃ生きていけないわ。それにそれってとても良い事なのよ」

そう語るらいてうと、実際に書かれたお汁粉のエッセイに魅かれた鞠子は、仕事と結婚のどちらを選ぶか悩んでいたが、最終的には結婚、出産の道を選んでいた。

たおやかに生きることの幸せ

『とと姉ちゃん』は、女性が政治的に立ち上がって男社会の打倒をめざすこともなく、あくまでも、たおやかに生きる女性の姿を描く。

花山伊佐次のモチーフになった花森安治は、いかつい風貌にフェミニンな服を着て髪をウェーブさせていたことをはじめ、数々の逸話をもつ。戦後、戦争や国家に対しての発言も多かった。津野海太郎の『花森安治伝』（新潮社）によれば、〈ぼくには責任がある〉〈女の人がしあわせで、みんなにあったかい家庭があれば、戦争は起こらなかったと思う〉などと考えて、大橋鎭子に協力したという。

『とと姉ちゃん』でそれに似た発言はなかったものの、代わりに、常子の叔父（向井理）が戦後、「女だよ。みんな男に言われるままじゃねえ」「女だけで守り抜いたって事が自信つうかよ、強さにつながったのかもしんねえな」「女にもチャンスが巡ってきたんだ」などと言って、女性の社会進出を後押しするかのような発言をしている。

これに対し、大橋鎭子が編集の仕事を最初に学んだ新聞社こそ左翼系の会社だったが、彼女はそうした思想とは関係なく働いていたという。『暮しの手帖』45号（1958年）の編集後記には、こう記されている。

〈私たちは、いま、暮しのことを、女だけの領分とは考えていません。男も、子供も老人も、みんな、とにかく毎日暮しているのですから、その暮しを、すこしでもよくしてゆこうというには、男も、子供も、老人も、女のひとと一しょに考え、一しょにやってゆかなければ、なかなかうまくゆかないものだ、とおもっています〉

そんな彼女をモチーフにした常子という人物も、この編集後記のような、穏やかにただただ毎日の暮らしを良くしていこうという人物だったのだろう。

また『とと姉ちゃん』は、生涯独身だった主人公をけっして孤独に描いていない。常子は母と妹たちとともに暮らす家を建て、そこに妹たちの夫や子どもまで住まわせている。大家族に囲まれて暮らし、出版社の経営は順調。多くの女性たちに豊かな暮らし方を提案し続けていた。モチーフになった大橋鎭子も、90歳のときに初の自伝『「暮しの手帖」とわたし』を上梓し、93歳で亡くなった。まさに生涯現役。若いころには『暮しの手帖』のモデルも務めていて（社員がモデルまで兼任していた）、彼女の写真を見ると生き生きとしていて、センスよく輝いている。

『「暮しの手帖」とわたし』の編集者のひとり、横山泰子による解説には、〈その他人への肩入れのしかたといったら、普通の人では怖くてできないレベルなのです。ちょっと仲良くなったら、（中略）鎭子さんにとっては、ほとんど身内になってしまうのです〉とある。

大橋鎭子をモチーフとする『とと姉ちゃん』は、夫がいなくても、家族や仕事仲間など、心地よい関係性を築ける相手がいれば、幸福に生きていけるという可能性を描き出した。

朝ドラでおひとりさまを描くことは、多様な生き方を肯定することにも通じる。それを端的にあらわしていると感じる花森安治のこんな文章を、紹介したい。

はっきりいえば、個性を生かすということは
欠点をなくすことでなしに、
むしろ逆に、欠点を強調することだと思う。
個性を生かすということは、
自分の欠点が、どこにあるかを知って、
その欠点が、なによりの魅力になるように、
誇張したり、強調したりして、
みがき上げることである。

（花森安治『灯をともす言葉』河出書房新社）

第6章

シングルマザーの現実と誇り
——『私の青空』——

主人公：北山なずな
舞　台：青森（大間）・東京（築地）
時　代：1990年代

※2000年代作品

ヒロインは未婚の母

おおむね5年ごとに行われている厚生労働省「全国ひとり親世帯等調査」によると、1983（昭和58）年の母子世帯数は71万8100世帯だった。それが15年後の1998（平成10）年になると、1・3倍の95万4900世帯へと増加。離婚、死別、未婚……その理由はさまざまだが（詳細は後述）、母子世帯数100万の大台がいよいよ目前に迫っていた2000年、シングルマザーをヒロインとする第62作『私の青空』が放送された。

朝ドラとしては異色ともいえる設定ではあったが、朝ドラではじめての続編『私の青空2002』（全8回）も制作されるほど人気を博した。

ここでつい、「シングルマザー」と紹介してしまったが、実はドラマでは「シングルマザー」という言葉を否定している。主人公・北山なずな（田畑智子）が「シングルマザー」と口にすると、なずなの母（加賀まりこ）がその言葉は使うな、「未婚の母」でいいと言うのだ。「何でもコギレイな英語にしてごまかすの、大嫌い」と。そのためか、NHKのサイトのドラマ紹介ページでは「ヤングママの肝っ玉奮闘記」とある。ヤングママも英語なのだが……（ただ、NHKアーカイブスのサイトでは、結局わかりやすさを優先したのか、「シングルマザーの道を選んだヒロイン」とある）。

ともあれ、未婚の母として生きる主人公なずなのドラマのはじまりは、悲劇的だった。ドラマ時間の1993年、本州の最北端に位置する青森県大間町。ヒロインは結婚式当日に、あろうことか、花婿・健人（筒井道隆）がなぞの女に連れ去られてしまうのだ（結婚式に乱入され伴侶を連れ去られた作品といえば、古典的名画『卒業』〈1967年〉がある。ちなみに、なずなが花嫁衣裳で疾走するシーンを観て思い出したのは、木村拓哉と山口智子による月9の大ヒットラブストーリー『ロングバケーション』〈1996年／フジテレビ〉だった）。

ヒロインが結婚式から逃げ出すところからはじまり、朝ドラで初めて〝結婚を否定した〟とも言われた1989年の第42作『青春家族』から11年後、『私の青空』のヒロインは結婚に裏切られた。

しかもヒロインのお腹の中には、健人の子どもが宿っていた。

はたして、産むべきか、産まざるべきか。まず、そこで悩むヒロイン……だったが、「子どもができたとわかれば、きっと彼は戻ってくる」と信じ、出産を決意する。なずなは、好きな人には去られたが、その人の子どもは残ったと、実に前向きな考えの持ち主なのだ（結論を先に言ってしまうと、結局男は帰ってこないまま、息子・太陽は小学生まですくすく育つ）。

健気にも女手ひとつで子どもを育てるヒロインは、やがて数々の現実の厳しさに直面していくことになる（参考までに、一般世帯の平均給与所得は797万円〈共働きの場合／国税庁「平成

27年分 民間給与実態統計調査」〉に対し、母子世帯の母の平均年間就労収入は192万円〈正規270万円、パート・アルバイト等125万円／「平成23年度 全国母子世帯等調査」〉と大きな差がある)。

ところで、姿を消した健人はどこで何をしているのか。

もともと、プロボクサーを目指していた彼は、網膜剥離の前段階である網膜裂孔にかかってしまったため夢を断念。結婚してからは、地元(青森県大間市)で漁師をやるはずだった。しかし、夢を完全に諦めたわけではなかった。

「夢は追いかければ、必ず追いつくのよ」

そう言って健人をその気にさせ、結婚式当日に健人を連れ去ったのは、ボクシングジムの会長(渡辺哲)の娘・千代子(深浦加奈子)だった。健人より年上で〝弾丸タイプ〟の彼女は、健人のことを以前からひそかに想っており、目を治しボクサーとして復帰させることに情熱を燃やしていた。治療のためにアメリカまで一緒に行くということは、男女の関係になることであろうと気にする会長に、その覚悟はあると答える健人。

己の夢の実現のために妻を捨て、役に立つ女のほうを選ぶ男のずるさを、脚本家・内館牧子は淡々と描いたわけだ。

内館は、OLを経て1987年に脚本家デビュー後、数々のヒットドラマを生み出してきた。事前の入念な下取材に基づいた、リアリティある作品群は評価が高い。彼女の強い探究心を示す例に、相撲がある。好角家として知られる彼女が最初に書いた朝ドラの第48作『ひらり』（１９９２年）は、相撲好きのヒロイン（石田ひかり）の物語だった。『私の青空』を書いた年には女性としてはじめて横綱審議委員に就任。その傍ら、東北大学大学院に社会人入試で進み、宗教学を学んだ成果（修士論文）に加筆修正した『女はなぜ土俵にあがれないのか』（幻冬舎新書）を２００６年に上梓している。

朝ドラとしてははじめてシングルマザーをテーマに据えた『私の青空』でも、女ひとりで子どもを産み育てることのリアルな実態を、ヒロインと家族の会話のなかに細やかに織り込んでいる。また、ＮＨＫドラマ番組部監修の『朝ドラの55年』（ＮＨＫ出版）には、〈家族が別々に食事を取る「個食」や栄養の偏りなど、「食」の問題にも切り込み、家族と食事、食卓などの現実と理想をあらためて描いた〉とある。母親が父親の分まで働くことになれば、自ずと、食事も子どもひとりで取ることが常態化しかねない。内館はその問題提起として、劇中、祖父（伊東四朗）がカルタを使って孫に食の知識を教える場面を描いた。「魚菜《さかな》っぱカルタ」と名づけられたそれは、のちに幻冬舎から商品化もされた。

婚外子と戸籍

出産に際し、ヒロインがぶち当たったのは「戸籍問題」だ。生まれてくる子ども（太陽）のためにも婚姻届を提出し、新しい戸籍をつくってしまう案が出るが（幸か不幸か、健人は婚姻届に署名はしていたようだ）、「お互い守り合って生きていく気がなきゃ、夫婦になっちゃいけないって気づいた」と、彼女は考えを改める。

その結論には、両親（伊東四朗、加賀まりこ）の夫婦関係が影響していた。ふたりは、互いに守り守られる理想的な夫婦として描かれている。それに比べて「女房を守らず、夢を守る」生き方を選んだ健人をなずなは憎み、婚姻届は出さないとの思いを固くしたのだ。

だが、そこには婚外子という大きな問題が横たわる。心配した父母が調べてみると、婚姻届を出していない親から生まれた子どもは「婚外子」と呼ばれ、戸籍の記載にも違いがあることを知るのだ。たとえば、父母がいる子の場合、続柄は「長男」「長女」などと表記されるが、婚外子の場合は「男」「女」としか書かれない（2004年11月以降は、婚外子であっても続柄は「長男」「長女」と表記されるように変わっている）。

だからと言って、健人が不在のまま、勝手に婚姻届を提出後、健人がほかの人と結婚する場合、太陽は名字を変えざるをえなくなると、なずなは先々のことを気にかける。ドラマの序盤、つぶさに情報が語られ、テレビの前で、勉強になると思った人も多いだろうし、未婚の母となる可能性がある視聴者には響いたに違いない。

健人は憎い。でも、好き。必ず帰ってくる。故郷・大間の漁師は、マグロを釣るまで15年でも待つという忍耐強さが身上で、なずなの父もそうやって生きてきた。マグロと健人を重ね合わせ、自分も愛する人を待つのだ——などと、支離滅裂な思いを吐露するなずなに、田舎でフラフラしている金髪の弟（山崎裕太）も「女のバカ丸出し」とあきれ顔だ。内館牧子は、未婚の母を美化することなく、かといって切り捨てることもなく、俯瞰して状況を描いている。なずなは、好きな人に去られた今、せめてその子どもを産みたいと願うが、この時、これから産まれてくる子どもの将来について考える余裕はない。

それはさておき、英語の得意な健人の父（宝田明）は、「婚外子」が英語だと「ラブチャイルド」となる豆知識を披露するかたわら、印象深い台詞を発する。

「男と女が愛していればこそ産まれてきた子ども。跡継ぎだの女の義務だのではねくて、純粋な愛情で、しかも望まれて産まれてきた子ども……ラブチャイルドだ」

「父親がいる方が、余程かわいそうという事もあるんだじゃ。酒くらって暴力振るう父親、女作って帰ってても来ね父親、仕事ばかりで遊んでもくれね父親、んなもんなら、いね方がいい。母親とラブリーな暮らしする方が余程幸せだ。覚えとけ！」

健人の父の持論を受けて、なずなの父も負けていない。

「難しい年ごろになればどったな父親でも、いるってだけで子どもは安心すんだ。覚えとけ！」

いわゆる家族の定型とは異なる、異例のかたちだからこそ、登場人物たちがさまざまな意見を交わすことで視聴者の思考を促す、知性的なドラマになっていた。

シングルマザーの実情

「シングルマザー」という言葉は、評論家・池上千寿子が１９８２年に刊行した『シングル・マザー　結婚を選ばなかった女たちの生と性』（学陽書房）から一般に広まったとされている。２０１２年にはシングルマザーを主役に据え、ふたりの子どもを母ひとりで育てる大変さを描いたアニメ『おおかみこどもの雨と雪』（監督：細田守）が公開され、ヒットしている。子どもの父である人物（おおかみおとこ）との関わりが生々しいまでに描かれ、ファミリーも観るアニメーション映画でも、こういった視点のものが作られる時代になったのかと思わされた。

近年、増加傾向にある母子世帯についてあらためて記すと、『私の青空』が放送される前（1998年）の段階で100万世帯目前（95万4900世帯）だった母子世帯数は、2011年時点で123万8000世帯まで膨張している（母子世帯となった理由としては、未婚が7・3％から7・8％に、離婚も68・4％から80・8％に増加している。反対に、死別は18・7％から7・5％に減少している）。

このように、2000年に『私の青空』で取り上げられたこのひとり親家庭の問題は、その後も深刻化の一途を辿っていて、シングルマザーの、おもに貧困問題を報じるニュースを目にする機会も増えている。

実際、母子家庭の就業状況については、正規雇用者（43・0％）より非正規雇用者のほうが多く（57・0％）、生活保護受給率も全世帯が3・22％なのに対し、母子世帯は14・4％と高い（厚生労働省作成「ひとり親家庭等の現状について」平成27年4月20日）。

2014年には、自身もシングルマザーである赤石千衣子『ひとり親家庭』（岩波新書）、水無田《みなした》気流《きりう》『シングルマザーの貧困』（光文社新書）といった関連書籍が相次いで刊行され、それぞれ母子家庭のさまざまなケースを取材、考察している。

水無田は〈この国の女性が本当の意味では「産む自由」を手にしてはいないことの証左ではないのか〉と問題提起する一方、赤石は、1998～2003年が離婚の激増した年代であることを指摘。その離婚が女性の経済的自立の進展のせいではなく、むしろ不況のせいではないかと分析している。女性にとって本当の幸せとはいったい何なのか、考えれば考えるほど、難しい。男女平等化や女性の社会進出の促進は、女性を本当に生きやすくしているのか。『私の青空』はこうした社会問題の要因や背景について追究するものではないが、いまの時代に、未婚の母になった女性がどういうふうに生きていくか、その現実と行方を描き出している。

もう夫には頼らない

前述の通り、ドラマのなずなは「ひとりで子どもを育てる」と誓ったものの、さまざまな問題に直面すると、彼女の決心は揺らぐ。

まずは夫との関係。強い決意から1年以上過ぎた頃、結婚するはずだった健人が見つかる。目を治して、夢のプロボクサーになっていたのだ。といっても、決して順調とはいえない。ドラマではそれを「ズタボロ」と表現している。

まだ健人のことを忘れられないなずなは、健人を追って、東京の築地で暮らすようになる。だが、健人には女（千代子）がいた。健人にとって、彼女はボクサーとして生きるために必要な女で、なずなの出る幕はない。しかし、だからといって簡単に引き下がるわけにはいかない。ふたりの間の子どもの養育問題である。

家族は「どんなにダメな男でも、子どものために父になってもらえ」となずなの背中を押す。しかし、女の意地であろう。なずなは「いくらでも他人を踏み台にするような男」だから信用できない、と前に進もうとしない。

一方で、健人のほうは、自分に子どもがいたことを知り、父になろうと考えはじめる。「子どもは自分の励みになる」と考えるのは、ボクシングの結果が出ていないから逃げ場がほしかったのかもしれず、男の夢と現実の狭間の葛藤を、内館は冷静に描いている。

これに対して、女性同士のぶつかり合いは思いっきりドロドロだ。健人をずっと支えてきた千代子は、なずなの出現が原因で不安に陥ると、健人にすがりついたり、なずなに面と向かって謝ったりと、心乱す。

内館牧子は、『想い出にかわるまで』（1990年／TBS）で妹に恋人を奪われる話だけでなく、『クリスマス・イヴ』（同）でも複数の女性がひとりの男を取り合うドラマを描き、さらには『週末婚』（1999年／TBS）では姉妹の確執をテーマに据えるなど、女同士による一触即発のスリリングなドラマの達人なので、このあたりの描写は楽しませてくれる。

さて、千代子との戦いを経て、なずなはついに腹を括《くく》る。

「大変な事は大体何でも面白いものです。うまくできればもっと面白いし」

「わけ分かんない事言う世間には、片っ端からパンチたたき込むから大丈夫」

内館牧子は、困難に挑もうとする主人公の向こう側にいる、同じような思いを抱える視聴者に力強い台詞で語りかける。

世間の偏見と子どもの自我

やがて健人は日本チャンピオンになり、なずなは6歳になった太陽の通う小学校の給食室で調理員として働きはじめる。そして彼女は、頑ななまでに健人に子どもを会わせようとはしなかった。ここで直面するのが、周囲の無理解だ。田舎で祖父母や理解ある身近な人たちに育まれているうちはいいが、上京して自立するとなると、過去のいきさつを知る由もない、さまざまな価値観の人たちに出会うから、必ずしも味方ばかりとはいかない。東京で暮らすなずなと太陽にも、偏見の目が向けられる。

さらに、子どもが父親を求めはじめるという本能的な現実。どんなにひとりで育てる、自分だけの子どもだと思っていても、自分以外のふたりが会いたがっているというエピソードは切ない。

その後、持ち上るのが、母子家庭の貧困問題だ。

なずなは、給食室のほかに、氷屋でのバイトも余儀なくされる。家計が苦しく、母が働き詰めであることを心配する太陽は、友だちとサッカーをしたかったが、道具を揃えるお金がないので諦める。遊びを我慢しなければならないうえに、授業参観などの学校行事に来てほしいと母に強く言うこともできない。そのせいでストレスが溜まった太陽が同級生とケンカをしてしまうと、相手の母親（柴田理恵）が怒鳴り込んできた。

「私……これからの時代、未婚の母なんて当然だと思いますよ」

「そりゃあ家計が苦しいのはわかりますよ。でもね、できれば人並みのことはやって頂きたいわ」

「世間のみんながみんな、私みたいに未婚の母に対して大きな目を持っているとは限りませんのよ。それがわかっていれば、どんなにお金がなくたって、人並み以上のことをやって、ちょうどトントンでしょ……！」

このあからさまに嫌味なおばさんに、なずなはユーモアをもって対抗する。こういう救いがあるところが、朝ドラはいい。

子どもといえども男子

シングルマザーの問題とはやや離れるが、ドラマのなかで印象的だったのは、お金のためにサッカーを諦めようとする太陽に、祖父（伊東四朗）が貯めてあったお金をわたすエピソードだ。隣人（菅井きん）から「子どもといえども、男子はメンツをつぶされるのがいやだから」とアドバイスを受けていたなずなは、一度「やらない」と言ったからには簡単にはまた「やる」と言い出せず、見栄をはり続ける太陽に対し、仕方なく「やる」と言わせる展開に仕向けている。女性中心に話が進み、父親が不在の『私の青空』の中で、男の気持ちに配慮した、気づかいが伝わるシーンだった。

これは、『おしん』の橋田壽賀子が夫を立てて、夫が家にいる時間は決して仕事をしなかったということにも近いように感じる（第8章参照）。さすがは、第1回橋田壽賀子賞受賞者だ（ちなみに、内館がこの賞を受賞した1993年が、『私の青空』の劇中のはじまりの年である）。

前述の通り、内館は、『ひらり』では女性が立ち入ることのできない相撲の世界を主舞台に、せめて相撲と関わっていたいと願うヒロインが相撲部屋の栄養士を目指す物語を描いた。劇中では、主人公と祖父との間でこんな会話が交わされる。

「ひらり、男女平等なんてバカなこと言うなよ」

「え？」

「大相撲はまげをつけている時代まんまなんだ。そこに平成の男女平等もへったくれもあるもんか」

「おじいちゃん、私をみくびらないでよね」

「…………」

「土俵は神さまが宿っているところッ。力士だって必ず柏手を打って、口をすいで塩をまくじゃないの。男だってそれほど身を清めないとダメな世界に私は惚れこんでンの。土俵にのぼらせろとか力士にさわらせろとか言う気ないわ」

なんでもかんでも男女平等にするのではなく、それぞれの役割を見極めて、尊重するところは尊重する。そういう理性が働いた台詞だ。

内館は、前掲『女はなぜ土俵にあがれないのか』で、男女共同参画の時代だからこそ女性も土俵に上がれるようにと声高に訴える女性に対しても、冷めた視線を投げかける。土俵の決まりは古来の民俗学的なものに基づいているため、それを現代の男女平等の視点と同列で考えることを否定しているのだ。

『私の青空』で、主人公の相手役の職業にボクサーという男性性の強いスポーツを選んだのも、男と女のあいだには、厳然とした境界があることを明確にしたかったからではないだろうか（1952年設立の日本ボクシングコミッションが女子を認可したのは、2007年である）。

男女平等を否定するわけではないが、男女が平等になれないものもあることを認めようという考え方において、内館牧子は、橋田壽賀子のバトンを引き継いだ作家のひとりだと思う。内館のように、女性同士のガチンコのバトルや、社会問題を徹底的にリサーチして描くという部分などを引き継ぐ者はいるが、女性と男性との厳然たる差異に向き合っている作家はあまりいない。

ただ、川上未映子がコラムに〈夫のことを指す「主人」も、妻のことを指す「嫁」も、差別用語として広く認識されればいいとわたしは真剣に思っている〉と書くと、賛同する女性の声が多く上がっていたが、これも、無意識に「主人」「嫁」という言葉を使うことに警鐘を鳴らしているのだと思う。なぜ男が「主人」で女は「嫁」なのか。なぜ男がしていいのに女はダメなことがあるのか。このようにさりげなく、物事を根本から考え、理解することの大切さを説いてくれることも、朝ドラには期待したい。

考えが甘かった

最後に気になるのはやはり、ヒロインなずなと、彼女を捨てた男・健人の行く末だ。

健人はいろいろなことを整理し、一人で生きていく決意をするが、残された太陽は、父と会えないことがストレスになって身体に変調を来す。と、ここでようやく、話は振り出しに戻る。

「好きな人の子どもだから産みたいなんて、甘いのよね」と痛感したなずなは、子どものために、ついに健人と一緒に暮らし始める。健人も、栄養士になるべく大学の社会人入試を受けることにしたなずなを支えたいと言う。

これで7年越しに、めでたく結婚するのか？　と思いきや、太陽は、母とふたりでふだんは暮らし、父とはたまに会うという生活スタイルを選ぶ。そのほうが、父も母も自分のことをよく見てくれるからと鋭いことを言う。結局、主人公は結婚するはずだった男の人と結婚しました、めでたしめでたし……とはならず、未婚の母として頑張って生きてきたなずなのメンツも、保たれたかたちになった。

それはやはり、世の中の、ひとりで子どもを育てている母親たちへの、誇りと自信をもって生きてほしいという、内館牧子のエールであろう。

２０１８年の第98作『半分、青い。』は北川悦吏子の脚本で、シングルマザーの物語であると発表された。企画概要を読むと、東京で結婚して娘を授かるも離婚され、シングルマザーとなって故郷に戻ったのち、半身のように感じていた幼なじみと再会し……ということなので、『私の青空』から18年後のシングルマザーヒロインは、まったく違った人生を歩むであろう。

２０１６年の第95作『べっぴんさん』では、初期のヒロインのライバル役のような存在・悦子（滝裕可里）のように、戦争未亡人となって母ひとり子ひとりで生きてきて、再婚したい相手を見つけたものの、子どもの気持ちが整理されるまで何年も待ったというエピソードがあった（第7章参照）。

２００３年の第68作『こころ』は、夫が亡くなりその連れ子を育てることになるヒロイン（中越典子）が、花火職人（玉木宏）に心惹かれていくなかで、血のつながっていない子どもを伴った新しい関わり合いの可能性を探っていた。

一言で「母ひとり」といっても、そのかたちは千差万別であり、現実に存在するさまざまな「シングルマザー」の問題にドラマが切り込むことで、「シングルマザー」に対する誤解や偏見を払拭していけるのではないだろうか。

第７章

産めよ育てよ働けよ
――『べっぴんさん』――

主人公：坂東すみれ
舞　台：神戸
時　代：大正～昭和

5代にわたるファミリーヒストリー

２０１６年の第95作『べっぴんさん』（脚本：渡辺千穂）は、〝ファミリーヒストリー〟を思わせるドラマだった。

祖母、母、娘と親子3代を描くことが朝ドラでは多いが、『べっぴんさん』では5代が描かれた。近江の祖母・坂東トク子（中村玉緒）を筆頭に、神戸で事業をはじめた父母五十《いそ》八《や》（生瀬勝久）・はな（菅野美穂）、主人公夫婦すみれ（芳根京子）・紀夫（永山絢斗）、娘夫婦さくら（井頭愛海）・健太郎（古川雄輝）、孫・藍（渡邉このみ）を主軸に、すみれの姉夫婦ゆり（蓮佛美沙子）・潔（高良《こうら》健吾）、さらには、すみれの女学生時代からの仲間たちとその家族、会社の従業員などが織りなす〝ビッグファミリー〟の物語だ。最終回では、居間にそれぞれが写った写真がずらりと並び、それらからは壮大な歴史の流れが感じられ、まるで大河ドラマのような印象すら受けた。

また、孫の藍役に、ヒロインすみれの少女時代を演じた子役・渡邉このみが起用されると、彼女はすみれや娘さくらの幼いときと同じような行動をしたり、台詞を言ったりするエピソードがあって、いやがおうでも血の繋がりを感じさせられた。

朝ドラとは「女の一代記」であると同時に「ホームドラマ」であるが、『べっぴんさん』では「ホームドラマ」のほうに力点が置かれていた。

制作発表では、チーフ・プロデューサーが〈戦後、神戸で赤ちゃんの服、子ども服を専門に開業した、坂野《ばんの》惇子《あつこ》さんという方をモデルに、その家族と仲間たちがチーム一丸となって、子ども服作りにまい進し、やがてその子ども服の輪が、日本全国に広がっていく様子を描いていきたいと思っております〉とコメント。公式サイトには、〈「べっぴんさん」の原作はありません。脚本家・渡辺千穂さんのオリジナル作品です。本作は実在の人物をモデルとしますが、激動の時代を生きた女性たちの人生の物語として大胆に再構成し、フィクションとしてお届けします〉とのことわり書きが記されていた。

モデルになった坂野惇子は、1918（大正7）年神戸生まれの、子ども服と雑貨のメーカー「ファミリア」の創業者だ。戦後のベビーブームに乗って、大人気ブランドとなった。のちに、皇室御用達にもなっている。もともと坂野の父は、アパレル企業「レナウン」の創業者で、一族で衣料・雑貨に従事していた。レナウンの前身「佐々木営業部」を経て独立し、アイビールックブームを起こした「ヴァンヂャケット（VAN）」の社長・石津謙介をモデルにしたと思しき人物（松下優也）も登場するなど、戦後のファッション業界に携わる人たちの姿が生き生きと描かれていた。

もっとも、主人公たちはビジネス（お金儲け）には向かわず、あくまでも、赤ちゃんや子どもたちのために良い品を作るという、ドラマのなかでいう「想いをこめた〝べっぴん〟（特別な品）」にこだわり続けた。

未来ある子どもたちのために

主人公・すみれは幼いころ、母・はなから刺繍を習ったことがきっかけで、裁縫に興味をもつ。その後、母を亡くしたが、学生になってからも手芸倶楽部の活動にいそしみ、やがてそのときの仲間・良子（百田夏菜子）、君枝（土村芳）と坂東家女中の娘だった明美（谷村美月）の4人でベビー用品の専門店・キアリスを立ち上げる。

この時代、女性がビジネスに進出することはまだ少なく、また、すみれはおっとりとした性格で、元から商売に向いていたわけではない。戦争で夫が召集され、父の仕事も家も失い、預金も封鎖。さらに2万円以上の預金には財産税がかかるという厳しい状況下、女手ひとつで赤ん坊を育てなければいけなくなったすみれが、「できることからはじめよう」と必死で立ち上げたのが、子ども衣料と雑貨の店だったのだ。

「働くしかない。すみれちゃんも自分の手ぇで仕事して自分の足で生きるんや」（す

みれの幼なじみで義兄・潔の台詞）

すみれの店がオープンしたのは１９４６（昭和21）年３月。戦争が終わって男たちが復員し、日本が第一次ベビーブームを迎えた１９４７（昭和22）年から１９４９（昭和24）年の直前のことだった。厚生労働省「人口動態統計」によれば、１９４９年の出生数が戦後最高の２６９万６６３８人となっている（２０１５〈平成27〉年の出生数は１００万５６７７人。66年前の半分以下だ）。それだけ多くの子どもが生まれれば、赤ちゃん用品の需要が高まるのも当然だろう。すみれのベビーショップ開店は時代のニーズに合致していた。

『べっぴんさん』は、そんなベビーブームに日本が活気づいていた時代の物語なので、折にふれ、出産、子育てに関して考えさせられるエピソードが盛り込まれていた。チーフ・プロデューサーの三鬼《みき》一希《かずき》が、撮影現場の様子を筆者にこう明かす。

〈普通のドラマだと、赤ちゃんや幼児をひとり出すと、その子にかかりきりになって現場が大変なことになるのに、『べっぴんさん』は次から次へと赤ちゃんが登場しました。スタッフは慣れちゃったみたいです（笑）。大変だけど赤ちゃんがいると現場が和やかになるんですよ〉（「答を明示したくない朝ドラ『べっぴんさん』であえて語らなかった

ことを三鬼Pに言葉にしてもらいました」ヤフーニュース 個人 2017年3月16日）

昔も今も、赤ちゃんの肌はデリケートだ。肌着の縫い目が気になって、ぐずることもある。そんな赤ちゃんのために、すみれは終戦直後から素材にこだわり、丁寧な製法による商品作りを心がけた。縫い目が赤ちゃんの肌に当たらないよう、わざと縫い目が表に出るように作ったり、一流のメリヤスを作る工場を厳選したりと、赤ちゃんのことを慮った工夫が随所に見られた。

次にすみれたちがトライしたのは、『キアリスガイド』という育児手引書の制作だ。無料配布するにとどまらず、後にはこれを元に『ようこそ赤ちゃん』という自主制作映画まで作っている（監督は、すみれの夫が務めた）。

育児書の世界的ベストセラーといえば、1946年、アメリカの小児科医が上梓した『スポック博士の育児書』が有名だ。日本では、『とと姉ちゃん』ですっかりおなじみになった「暮しの手帖社」が1966年に翻訳出版している。だが、『キアリスガイド』は、『スポック博士の育児書』の翻訳版より、20年近くも前に出されている。このエピソードは、フィクションではなく、キアリスのモデルであるファミリアが、1952（昭和27）年、実際に『ファミリア・ガイド』を無料配布していた事実に基づいているとは、同社の先見性に驚かされる（中野明著『ファミリア創業者 坂野惇子』中央公論新社）。

また、ドラマでは、1970年の大阪万博のショーに出る世界の子どもたちの衣裳をデザインしたほか、親が子どものための商品を買ったり、子育てのアドバイスがもらえたりするだけでなく、その場で子どもたちも遊べる〝ワンダーランド〟をつくることまでも夢見ていた。とにかく、すみれたちは未来ある子どもたちのために一生懸命だったのだ。

いまも変わらぬ育児の悩みと発達障害

そのやさしいまなざしは、赤ちゃんを産み育てる母親たちにも向けられる。それは、すみれたちもまた同じ悩みを抱いていて、母親の気持ちがよくわかるからだ。すみれが娘さくらを産んだのは戦時中のこと。子どもを連れて父の実家近江に疎開したとき、夜泣きが激しいと「どこかおかしいのではないか」などと姑や小姑に嫌味を言われるという、つらい経験をしていた。

終戦後、神戸に戻って働きはじめると、今度は保育所に子どもを預けることになるが、仲間の一人、良子の息子・龍一（原知輝、成長後は森永悠希）に落ち着きがなく集団行動が困難なため、入園を拒否されるという場面もあった。あまりにも手がかかる息子の育児に疲れはて、良子はノイローゼのようになってしまうが、幸いにも、すみれの家の女中・喜代

（宮田圭子）から「ええ悪いやなくて、人の何倍も手のかかる子はおるんです」「何倍も手をかけてあげたらええんです。周りに何人も大人がおるでしょ。誰が親ややなくてみんなで育てるんです」というアドバイスによって解決をみる。

この「みんなで育てる」という意識は以降、このドラマの登場人物たちの指針となり、血のつながっている人もそうでない人も、みんなオープンで、喜びも悲しみもみんなで分かち合い、問題があればみんなで解決していくという展開につながる。

また、「人の何倍も手のかかる」良子の息子・龍一が、同年代の子どもより善悪の判断が苦手で、勝手に動き回ることに関して、SNS上では「発達障害ではないか」という意見が飛び交い、なかには発達障害の問題に取り組む作品として評価する声もあった。発達障害は、いまでこそ生まれつき脳の発達が通常と違っているために現れる特性として知られているが、その概念が広まり日本で「発達障害者支援法」が公布されたのは、2004年のこと。もちろん、戦後間もないころに「発達障害」という言葉はまだ存在していない。龍一がいまでいう発達障害だったのかもしれないし、そこまで厳密ではなく、個性のひとつとして描いただけかもしれない。

作り手の真意はわからない。ただ、『べっぴんさん』の登場人物は、コミュニケーションをあまり得意としない人物が多く出てくることは確かだ。そもそもすみれが、幼い頃から「なんか、なんかな……」が口癖の、思ったことを的確に言葉にすることが苦手なタイプだった。そんなすみれに父が苛立ちを見せると、母が「（すみれは）ああ見えてしんの強い子よ。あの子はねポ～ッとしとるように見えるけど、夢を見たり好きな事を考えたりしているだけなの」と娘をかばっていた（孫の藍も似たところがあり、それが母たちを迷わせる）。

　息子・龍一の行動に悩む良子も、はじめて店で働いたとき、お客さんとうまくやりとりができず、ひきこもってしまう。すみれの夫・紀夫も不器用なたちで、終戦後、再び働きはじめた会社では営業が苦手で、他の社員に陰口を叩かれる。このように、主要な登場人物が一様に内向的なのだが、うまく言葉にできない分、相手に対する親愛の情を込めて、手間を厭わず、ひたすら丁寧なものづくりを心がけることで、手にした人の心を動かす。その対比がドラマの見どころでもあった。

　ちなみに良子の息子・龍一は、大人になると世界放浪の旅に出て、世界の料理を身につけ、父・勝二（田中要次）とともに世界の料理店を開店する。職場環境になじめず対人関係の構築に悩む人が多く、「大人の発達障害」というキーワードが注目される昨今、得意なことを伸ばし仕事にいかすためには、周囲の理解と協力が重要とされている。龍一は、父母だけでなく、親しいすみれたちの愛情にも育まれ、萎縮することもなく、大人になっていく。理想的な姿がそこにはあった。

朝ドラの定番「女が働く問題」

夫たちが戦争で不在の間に、妻たちがつくった赤ちゃん用品専門店。目のつけどころはすばらしいにもかかわらず、当初、戦場から戻ってきた夫たちの反対にあう。彼らは一様に、妻たちが働くことに難色を示すのだ。

まず、仲間の君枝は、帰ってきた夫・昭一（平岡祐太）に、自分が働いていることを明かすことさえできない。結果的に許してもらえるが、最後に帰ってきたすみれの夫・紀夫に至っては、妻たちを働かせている男たちに向かって「（女だけで商売することを）男が笑って見てるなんて……。心配やないんですか？　僕にはよう理解できません」と猛批判。返す刀で「もう、働かなくてええ。商売は甘いもんやない。ファッションショーが終わったら仕事を辞めて家に戻ってくれ」とすみれに告げる。

総務省「労働力調査特別調査」によると、2014年の共働き世帯は1077万世帯、専業主婦世帯は720万世帯なので、いまや共働きは当たり前ともいえる時代だ。しかし、そのわずか34年前の1980年は専業主婦世帯が1114万世帯だったのに対し、共働き世帯は614万世帯と、圧倒的に専業主婦世帯のほうが多かった。それ以前、共働き世帯はもっと少なかっただろう。

すみれも一度は、仕事を辞めて家庭に入るが、結局はまたキアリスに戻り、夫たちも経理など彼女たちが苦手とする部分で協力をはじめる。

興味深かったのは、夫たちが集まって「男会」を結成し、ガード下の飲み屋で妻たちの不満などを語り合う習慣である。彼らの存在意義を端的に表していたのは、ドラマの後半で、すみれが出店している百貨店の会長（伊武雅刀）が言った言葉だ。

「世間では夫婦というものは夫の後を妻がついていくというが、君たちは逆なんだなあ。妻が歌い、先を歩き、夫が後ろをついていく。妻が美しい歌を自由に歌い、その姿を夫が後ろで見守っている。そうして幸せな家庭や会社を築き上げた」

『べっぴんさん』の夫たちは、まさにこの台詞のように妻たちを見守る、女性にとってはありがたい存在だった。

「娘の思春期」と「未婚の母」

すみれが仕事に全力を注ぎ、家を不在にしがちだったことで、娘さくらの精神は不安定になってしまう。学校に面白さを見いだせず、友人もできない。寂しさが募るさくらは、ジャズ喫茶でドラマー二郎（林遣都）と知り合うと、彼に夢中になり、店に通い詰める。上京すると言う彼についていこうとするほどの、熱の入れようであった。

高校生であるにもかかわらず、母に嘘をついて、酒を出すような店に出入りする（酒は飲んでいない）さくらに、すみれは当然のごとく激怒する。だが、それも、自分が家庭を顧みず仕事に熱中していたから。娘のために働きはじめたのに、いつの間にか、娘に寂しい思いをさせていた――。この皮肉な事態に、世の多くの働く母親たちは共感したのではないだろうか。もっとも、このストーリーは、さくらがあまりにもわがままでとんちんかんな行動に出るので、視聴者の評判はよくなかった。なにしろ、ドラマーの気持ちも確認しないまま勝手に東京についていこうとするのだから。

じつは、ドラマーには同棲している恋人がいて、彼女が妊娠してしまうというエピソードも劇中では描かれた。その恋人は、夢を実現するために上京するドラマーのためを想い、妊娠について明かさぬまま、同棲していた家を飛び出し、ひとりで産み育てようとする。だが、この少女はもともと、母が再婚後、その新生活になじめず家出していたため、帰る場所がない。やむなく身重の状態で劣悪な環境で働きつづけていることを心配したすみれに家に招かれたのち、そこで出産。このときも、すみれたちは、戦中戦後に自分たちが女ひとりで子育てした経験があるため、孤独な若い妊婦を徹底的に応援する。

『べっぴんさん』ではこのように、さまざまな母子のかたちが描かれる。朝ドラのいいところは、約150話あるため、たくさんの登場人物の人生に迫れることだ。

たとえば、娘を育てるためにホステスをしていたが、百貨店のキアリスの売り場で働くことになった戦争未亡人（滝裕可里）がいる。彼女はそこで出会った人物（夙川《しゅくがわ》アトム）との再婚を考えたが、デリケートな年頃の娘に、なかなか話を切り出せない。娘の気持ちを慮り、10年かけてゆっくり気持ちをほぐすことで、ようやく再婚が叶う。結婚相手はのちに百貨店の社長になり、戦中戦後の苦労が報われた。

報われたといえば、キアリスのメンバーで50代になるまで未婚だった明美も、そのひとり。母子家庭で育ち、貧しいまま母を亡くした明美は、大切な人を亡くすことがつらいからと、ひとりで生きる道を選んでいた。しかし、50歳を過ぎて会社を退職するとき、貯金で家を建て、事実婚というスタイルを選ぶ。籍を入れたのは、その10年後だった。

リタイア後の第二の人生

脚本家の渡辺千穂は、ラジオ番組『岡田恵和《よしかず》 今宵、ロックバーで～ドラマな人々の音楽談議～』に出演した際、『べっぴんさん』で早々に主人公の結婚・出産を描くと、後半、主人公たちの老後にわりと時間を割いた理由について、「第二の人生を描きたいというのがあったから」と説明している。「リタイア、引退、隠居ではなく、いままでの自分がいたからこそできる、ちょっとスピードがゆるやかな素敵なことを（老後に）やっていく、とポジティブに捉えてくれたらうれしい」と語るように、すみれたちは、50歳を過ぎたところでキアリスを退社。これまでの商品のお直しを希望する顧客のためのサービスをはじめる。

もともと手芸好きが高じて会社を立ち上げたので、手作業はまったく苦にならない。すみれは月に1回の会社通いを楽しむ一方、夫は社長を退任して家でのんびり、となんとも悠々自適な生活だ。

これに対し、すみれとは正反対の生き方をしている人物もいる。姉・ゆりだ。

彼女は内向的なすみれとは違って活発で、英語の勉強などにも熱心だった。戦後は夫と闇市で商売をし、夫を公私ともに同志であると考えていたゆりは、併走して生きていこうとしていたが、妊娠を機にすっぱりと仕事を辞め、家庭に入る。やがて一人息子が手を離れると、家で近所の子どもたちに英語を教えるようになり、さらに夫が新たなブランドを立ち上げるとその売り場で働きもした。このとき「社会復帰する」という台詞が発せられると、「家庭を社会とみなさないのはいかがなものか」などと視聴者の間で物議を醸しもした。その是非はともかく、20年以上のブランクを経て、再び外に出て働くという選択肢も『べっぴんさん』は提示したのだ。

リタイアのかたちといえば、すみれの母・はなに仕えていた女中・喜代は、亡くなったはなに託された使命としてすみれに仕え、娘のさくらまで育てあげた後、すみれの父・五十八が死ぬまで仕え続けた執事・忠さん（曽我廼家文童《そがのやぶんどう》）とともに、「冒険の旅」に出るというエピソードもあった。

２０１３年４月、「改正高年齢者雇用安定法」が施行されると、60歳で定年を迎えた人でも、希望すれば全員が65歳まで働くことが可能になった。『べっぴんさん』の主人公たちの時代、多くの企業の定年は55歳だったので、すみれたちがまだまだ元気なのも当然だし、働き続けるのもいいと思った。だが、ドラマを観た筆者の知人の中には、「『定年が早すぎる』という訴えかと思った」と受け取る人もいた。たしかに、このドラマは、少子化問題に対しては「子どもは日本の未来だから大切にしよう」、引退や定年などについても「リタイアを考えるのはまだ早い、もっと働こう」と提案しているように見えなくもない。

命を受け継ぐ

坂東家の居間に、家族写真がたくさん並んでいることについては、本章の冒頭でも触れた。そのシーンを見たとき、筆者は、ファミリーヒストリー＝家族が代々引き継いでいくことの大切さを感じたのだが、制作者側の真意は何だったのか。

前出の「ヤフーニュース」の記事の取材で、プロデューサーの三鬼は筆者の問いにこう答えている。

〈70年近くの長いお話なので、その間、人は生まれて死んでいく……そういう人の営みも描きたかったし、その一方で残された者たちの亡くなった方々への想いはずっと残るので、写真を飾るという行為にその想いを込めました。

じつは、あそこまでたくさん並べようと初期から思っていたわけではないのですが、出征するときにたった一枚の写真を大事に持って行くなど、当時の人たちにとって写真とは、想いを託すものとしてとても貴重なものだったのではないかと感じて、徐々に写真を出す比重が大きくなりました。（脚本を書いた）渡辺（千穂）さんも演出スタッフも、亡くなった人たちの想いもつないでいこうという意識はありますね〉

家族の歴史を描くことは、生と死を描くことでもある。故人は亡くなったあとも、残された人の心のなかに生き続ける。悲しい出来事が原因でも、寿命でも、それは変わらない。誰もが故人への想いを持ち続ける。

たとえば『べっぴんさん』では、母の形見のウエディングドレスを着て嫁いだすみれが、戦火で焼け残ったドレスを見つけると、それを使って、日本に来ていた外国人（『マッサン』のヒロインを演じたシャーロット・ケイト・フォックス）の赤ん坊のために、これからも代々着られるようなベビードレスを作るエピソードがある。それが外国にわたっても何十年も残るのだと涙するすみれ。それから40年ほど経った1984年、当時赤ん坊だった人物から、自分の子にまたドレスが受け継がれたことが書かれた手紙が来る場面で、思わずぐっと来た視聴者も多かったに違いない。

また、何十年も前に亡くなった夫（すみれの祖父）が紙に書き残していた、〈飲んで食って歌へ〉という言葉をふとしたきっかけで見つけたトク子は、「深いなあ」とつぶやくと、「人の命というのはこうやって受け継がれていくもんやねぇ」と亡き夫の言葉が「幸せな人生」の秘訣であると感心する。このドラマに全く出てこなかった人物（祖父）の言葉も、長い時を経て、残された者たちに影響を及ぼす。

想いや体験を子どもたちに受け継いでいくことの大切さを説いた『べっぴんさん』だったが、そこから筆者はいま日本が抱える少子化問題に思いをはせた。どうすればこの深刻な問題は解決できるのか。内閣府ホームページの「少子化対策」のページを見ると、〈少子化問題は、社会経済の根幹を揺るがしかねない、待ったなしの課題〉だと指摘している。〈子どもは社会の希望であり、未来の力〉であるがゆえに、〈次代の社会を担う子どもを安心して生み、育てることができる環境を整備〉することの必要性を訴えている。

たしかにその通りだと思う。

もちろん、人によってさまざまな事情があるだろう。一朝一夕に解決できるとも思えない。それでも『べっぴんさん』で描かれていたように、物や言葉に宿る記憶を伝えていく——。そう意識することの意義は、決してあなどれないのではないか。

思えば、朝ドラ自体が１９６０年代からの歴史を受け継ぐことを実践している。だからこそ、心のこもった特別な品〝べっぴん〟である朝ドラをこれからも届けてほしい。

第8章

辛抱だけじゃなかった
――『おしん』――

主人公：田倉しん（旧姓：谷村）
舞　台：山形・東京・佐賀・三重
時　代：明治〜昭和

※1980年代作品

30年後に蘇ったレジェンド

長い朝ドラの歴史の中で絶対王者ともいえる第31作『おしん』が、２０１３年10月、映画作品としてリメイクされた。１９８３年から１年間放送された『おしん』は、平均視聴率52・6％、最高視聴率62・9％（11月12日放送、第１８６回）を誇り、日本の半数以上が朝8時15分から『おしん』を観ていたという、圧倒的な伝説をつくりあげた。

橋田壽賀子脚本のこのドラマが放送開始された年に生まれた人物に、宇多田ヒカルや松田龍平、嵐の二宮和也、松本潤などがいる。彼らがそろって30代になった年に、再び『おしん』の物語が世に送り出された。この時代にリメイクした理由を監督の冨樫森《しん》は次のように語っている。

〈やはり、今の時代は日本人と、家族がいろんな意味で大変な時で、手を携えて生きていかねばならない。まだ日本が貧しい１９０７（明治40）年ころの山形県の田舎を舞台に、７歳の女の子・おしんが逆境の中で生き抜く姿は日本人の原点。そこに親子の絆、戦争と平和といった世代を超えて心に響くテーマがある〉

〈とにかく、テレビ版をＤＶＤで再見したが、少し見ただけで涙が出てくる。貧乏のどん底で「奉公」に出されたおしんが、厳しい社会の中で「辛抱」してけなげに、笑顔を忘れずに生きていく。「前向きに、自分の力で一生懸命生きていく」。それを描くことでその先に何が見えてくるか。そこにつなげたかった〉

（「大阪日日新聞」2013年8月25日）

全297回に及ぶドラマ版のなかから、少女時代のみにしぼったこのリメイク映画は、2471人の中からオーディションで選ばれた濱田ここね（ドラマでは小林綾子が演じていた）を主役に、彼女を支える母（同じく泉ピン子）に上戸彩、父に稲垣吾郎（同じく伊東四朗）を配し、万全な体制を組んでいたが、興行収入は4億円と思いのほか振るわなかった。

〈今の時代は日本人と、家族がいろんな意味で大変な時で、手を携えて生きていかればならない〉という富樫の思いは、震災以降、注目されているテーマでもある。2013年の映画化にあわせて文庫化された橋田壽賀子の一代記『おしんの心』によれば、1983年に『おしん』を発表した際、日本が豊かになりすぎておかしくなっていることを懸念し、生き方を改めて考えてほしいという思いを込めていたといい、その思いを2011年の東日本大震災を機に新たにしたという。そしていまこそ、生き方を考えてほしいと警鐘を鳴らしている。

前述の冨樫の発言から見ても、この映画はまさにそういうテーマに沿ったものだったが、貧しい村から奉公に出された少女がひたすら耐え忍ぶという物語では、もう救えない段階にまで、日本は来てしまったのだろうか。30年前、『おしん』の最高視聴率が60％を超えるほど支持されたのは、いったいなぜだったのか。

橋田は、昔の貧乏物語、辛抱物語という修身ドラマとして『おしん』を描いたつもりはなかったが、テーマを語るうえで使った素材ばかりがひとり歩きしてしまったと、当時の人気の理由を自叙伝で分析している。その象徴が「大根めし」（おかゆのかさを増すために大根を入れたもの）だ。「貧乏」「辛抱」「大根めし」といったキーワードが、１９８３〜84年にかけて世間を賑わせた東京ディズニーランド、任天堂のファミリーコンピュータ、アップルのマッキントッシュといった流行アイテムと、同列に扱われてしまったと言っても過言ではない。それこそ、東京ディズニーランドに掛ければ、おしんの「しん」はシンデレラの「しん」であった。

『おしん』がどんなにヒットしたとしても、それが揶揄していた消費文化と同じくくりにされてしまった皮肉に、橋田はさぞ口惜しかったことだろう。

秀作ぞろいの年

1983年4月に始まった『おしん』の初回視聴率は39・2%。今ならとてつもない数字だが、じつはこの当時、朝ドラの30%超えは当たり前で、82年『ハイカラさん』36・2%、『よーいドン』38・8%、84年『ロマンス』39・0%、『心はいつもラムネ色』40・2%と軒並み高い。ただし、そのなかでも『おしん』の反響は凄まじく、7月になると、朝や昼の時間枠では観られない子どもやサラリーマンからの希望によって、再々放送が実現するまでに盛り上がる。

この年は『おしん』だけでなく、テレビドラマに秀作が多く生まれた年であった。不倫する妻たちのドラマ『金曜日の妻たちへ』（3部作どれもが人気を博した）、女子中学生の非行を描いた『積木くずし』（社会現象になった）、学歴社会から落ちこぼれ鬱屈した青春群像を描いた山田太一の名作『ふぞろいの林檎たち』（いまだに語り継がれる名作）、家政婦が勤務先の上流家庭で起こる醜聞を暴露する『家政婦は見た！』（2008年まで続く人気作になった）などがある。

とりわけ、俳優・穂積隆信の娘の非行の様子を描いてベストセラーとなった書籍をドラマ化した『積木くずし』（TBS）は、視聴率が第1回の24%から回を追うごとにぐんぐんあがり、3月29日の最終回は45・3%と、まさに有終の美を飾った。『おしん』がはじまる1週間前のことである。

主人公のおしんは『積木くずし』のヒロインとは真逆の、忍耐強い良い子ではあったが、彼女の体験する地獄のような日々は、『積木くずし』で父と娘が繰り広げた激しいバトルと同質の刺激的なものとして楽しむ視聴者も多かったのではないか。

興味深いのは、『金曜日の妻たちへ』の脚本家・鎌田敏夫が〈どのマスコミの取材を受けても不倫の話ばかり。ちょっと違うという気がする〉（『テレビ60年』東京ニュース通信社）と語っていることだ。

橋田壽賀子も、自分の書きたいことと世間の関心とのズレを感じたといった発言をしている。それまで社会問題について切り込んだドラマが評価されてきて、ドラマは作家のものとされていた時代が、変わりつつある――。その分水嶺が1980年代半ばだったのであろう。87年にフジテレビが『アナウンサーぷっつん物語』という業界ドラマをつくり、そこから、いわゆる月9ドラマ枠が定着し、「トレンディドラマ」が流行する。91年に『東京ラブストーリー』『101回目のプロポーズ』が続けて大ヒットして最高の盛り上りを見せた。

ちなみに、『おしん』で最高視聴率をとった第186回の週は、NHKオンデマンドのあらすじによると、〈昭和4年（1929年）秋、おしんは2人目の男の子を出産しました。佐賀で女の子を死産して以来、5年ぶりのうれしい二男の誕生です。しかし、出産に付き添っていた母のふじが倒れ、白血病と診断が下されました。おしんは日増しに弱っていく母を故郷の山形へ連れて帰りました。ふじはわが家へ帰れたことを喜びながら、眠るように死にました〉というもの。

母を失い伊勢に戻ったおしんのもとに、二番目に奉公した家の娘・加代（東てる美）の夫が自殺し、奉公先が倒産したという知らせが届くだけでなく、やがて加代が身体を売って生きていることをおしんが知る……と、なんとも盛りだくさんな内容だった。

実家の厳しさ、奉公先の厳しさ、姑の厳しさも相当だったが、没落した家の女の行く先について、橋田壽賀子はだいぶ踏み込んで描いている。加代を演じた東てる美の女の苦しみの演技も重い。

『おしん』はなぜヒットしたか

朝ドラについて誰かと話をするとき、「朝ドラと言ったら何？」という話題は定番だ。そのとき、たいてい『おしん』が出てくる。リアルタイムで観ていた人も観ていなかった人も、朝ドラと言ったら『おしん』なのである。

しかし、そのイメージは〝辛抱する女の一代記〟というものが多い。はたして、おしんはどれだけ辛抱したのか。そして、ヒットした要因とは何か。筆者なりに考えるべく、改めて内容を振り返ってみたい。

明治時代、山形の寒村に生まれたおしんは、7歳から80代まで、山形、東京、佐賀、三重と住む場所や仕事を転々とし、出会いと別れを繰り返しながらたくましく生きていく。少女期は小林綾子、青春・成年期（髪結いから終戦まで）は田中裕子、中年・老年期は乙羽信子が演じているが、いずれも高い支持を得た。田中裕子が撮影の途中で体調を壊し撮影を中断させてしまうと、「朝ドラのヒロインは体力的に大変」という見方が一般化した。

まず、ドラマとしてすぐれていると感じるのは、とにかく「構造がわかりやすい」点だ。世界的演出家・蜷川幸雄はかつて、『おしん』について「貧しい少女が逆境とたたかって成長してゆく構造」と端的に表現していたが、まさにその一言に尽きる。

ストーリーは、老女おしん（乙羽信子）の過去をたどる旅からはじまる。橋田壽賀子の説明によると、老女からはじめたのは、最初に未来を見せることで、今後、主人公がどんなに苦労しても、視聴者が気をもまずに安心して観ることができるようにするためだったという。さらに、老女となったおしんが視聴者と同じ80年代に生きていることを提示することで、視聴者にこの物語を自分のこととして捉えてもらいたいという意図もはたらいていたという。

後者は、おしんが単なる「辛抱もの」として消費されてしまったため、残念ながらあまり成功したとはいえないが、前者の工夫は視聴者に届いた。これが、高い人気を誇った第一の理由だろう。橋田は主人公の回想を軸に話を進めるやり方について、脚本の手法としては古いものだと語っているが、不特定多数の人が観るドラマとしては有効なのだろう(回想形式というわけではないが、最初に未来を見せることは、朝ドラのテンプレートのひとつとして定着している)。

橋田が見せ方に配慮したとはいえ、前半の少女編は過酷そのもの。暮らしがあまりにも貧しくて、母(泉ピン子)が真冬の川に入って堕胎しようとしたり、おしんが奉公先で泥棒の濡れ衣を着せられたりと、「よくも、まあ、これを朝から観ていたなあ」と思うほど、理不尽でつらい出来事の連続だった。それを辛抱してなんとか切り抜けていくおしんは、やがて東京で髪結いを目指したのち、縁あって田倉竜三(並木史朗、現・並樹史朗)に嫁ぎ、東京で既製服の店を開店したものの、関東大震災ですべてを失う。

竜三の故郷・佐賀に戻ると、姑(高森和子)の厳しいいびりに遭い、幼い息子を連れて家を出る。そして三重に行き着き、魚の行商という職をみつけ活気づくも束の間、今度は第二次世界大戦が勃発。夫と長男を失うも、それでも懸命に生きて、スーパーマーケットを開店する、というのが、大まかなストーリーだ。まさに波瀾万丈である。

『おしん』が高い人気を誇ったふたつめの理由には、主人公が東北(山形)・九州(佐賀)・

関東（東京）・近畿（三重）と、ざっくりとではあるが日本を縦断した影響もあるのではないか。甲子園を例に挙げるまでもなく、地元贔屓《びいき》は人間の性である。近年、朝ドラや大河ドラマの舞台となる土地が、それを観光資源として盛り上がるため、ロケ地の誘致にも積極的になる中で、これだけ多彩な土地が舞台になっていれば、各地のファンも多くついただろう。もっとも、嫁いびりが激化した佐賀では嘆きの声があがっていたそうで、現代の炎上商法ではないが、どんな形であれ話題になることは大事なことだ。

もうひとつ、おしんに寄り添う王子様的な存在が世代ごとに配されていたことにも、注目したい。少女期は脱走兵・俊作（中村雅俊）、成人期が活動家・浩太（渡瀬恒彦）、夫・並木史朗と次々現れる。そろってなかなか二枚目で女性視聴者には眼福であっただろう。

そこで次項からは、おしんと男性の関係について考えてみたい。

おしんが出会った男たち　その1　脱走兵

橋田壽賀子は『おしん』で〈戦争責任も描きたかった〉としていて、実際、戦争に対して批判的なことを登場人物にずばずば言わせている。しかも、それが、少女期には脱走兵に、成人期になると夫に語らせるという、念の入れよう。おしんにとってイケメンの王子様は、等しく戦争批判をするために登場するといっても過言ではない（『とと姉ちゃん』では公共放送であるＮＨＫでは思想的なことは描けないということで、戦争批判をしていた花森安治をモチーフにした登場人物に具体的にそういう発言をさせていないのとは、対照的だ)。

最初の王子様の脱走兵・俊作とは、奉公がいやになって飛び出したときに出会った。彼は短い間におしんに教養をさずけるが、そのひとつとして、俊作はドラマの核心ともいうべき大事なことを言い聞かせる。

「おしんの「しん」は信じるの「しん」、信念の「しん」、心も「しん」と読む。一番大事な辛抱の「しん」でもあるし、ものの真ん中を芯というがその「しん」でもある。新しいも「しん」だし、真実の「しん」でもあるし、辛抱の「しん」、そうだ、神様だって「しん」だ」

こんなふうに、辛抱だけではないということを、決して後付けでなく、ドラマの初期に語っているにもかかわらず、「辛抱」のみがひとり歩きしてしまった。

俊作は、与謝野晶子の『君死にたまふことなかれ』をおしんに心をこめて読んで聞かせ、いつか戦争に巻き込まれるときがくると予言する。その後、憲兵にみつかって殺されてしまうが、やがて、おしんが夫に対して最後まで肯定的であったのは、俊作との出会いが大きく影響していることであろう。

おしんが出会った男たち　その2　活動家

誰もが生きる権利があることを身をもって実感し、ひとつ成長したおしんにとって、次の王子様は、活動家・高倉浩太だった。彼との出会いは劇的だ。海辺でふいに現れると、おしんに「しばらく一緒に歩いてくれ」と頼む。土地をもたない小作人を地主の横暴から助けようとする彼の運動が危険思想と見なされ、刑事に追われていたのだ。

家族に居場所も明かせないでいた浩太は、「地主たちは自分たちの手を汚さないで小作人からしぼりとった米で贅沢している。こんな理屈に合わない話はありますか。ぼくたちはそういった社会の矛盾をなんとか是正しようと」「せめて貧しい小作の人たちにも少しでも人なみの暮らしをしてもらおうと」「いまのバカな慣習を打破してみせますよ」などと高らかに語る（「バカな慣習」という言い方も、いまだったらきっと書けないのではないか）。

ここでもまたおしんは、俊作のときと同様、浩太の言葉に感化される。意外と男の言うことに影響されやすく、この時代、まだ女性が自立してものを考えられなかったことがうかがえる。

おしんは、浩太に淡い思いを抱くが、前述した彼女の奉公先の娘・加代のほうが浩太への想いが強く、おしんは身を退く。だが、この浩太、その後も何かとおしんとかかわり合いをもつことになり、最後の最後、彼女が老女になるまでつきあいが続くが、これについては後述するとして、第三の王子様・夫について考えてみたい。

おしんが出会った男たち　その3　夫

七つのときから家のために身を粉にして働き続けてきたおしんは、二十歳を超えた。たびたび実家から金の無心があることに嫌気が差した彼女は、次第に自分のために生きたいと思うようになっていく。密かに思いを寄せていた浩太に関しては諦めもようで、そんなときに現れたのが、佐賀の旧家の三男坊・竜三だ。

最初のうち、彼の好意に応えることができなかったおしん。だが、母に「小作の娘だから」と反対されても自分の思いを貫き、「家も捨てる、店だって捨てる」と言い切る竜三に、おしんは心動かされる。

竜三はさらに、「裸一貫から出直せばよか」「おしんさんとふたりなら、どんな苦労だって辛くはなか」「おしんさんとふたりなら何もこわくはなか」と情熱的に語り、ついにふたりは結ばれる。時は大正10（1921）年、ロミオとジュリエットのような勢いで、おしんは結婚した。女性が縛りから解放されるのではなく、男のほうに何もかも捨てさせるという脚本はロマンティックだが、幸せは遠い。

関東大震災で裸一貫になったおしんは、佐賀に移り住むと、永らく嫁いびりに苦しむ。いわゆる優男の竜三はまったく頼れず、彼が男をあげるのは終戦まで待たないといけない。それには実に25年近い歳月を要する。

終戦を迎えたときの竜三は壮絶だ。自決してしまうのだ。

彼の遺言はこうだ。


「(前略) 戦争に協力した罪は、せめて私の命をかけてゆるしをこうよりほかないと思っています。私にとって死を選ぶことは、戦争に協力した人間として当然受けなければならない報いです。たとえ生きたとしても罪を背負って一生歩くのは死ぬことよりもはるかに苦しいでしょう。私にはとてもそんな強さはありません。また、他国の支配を受ける日本で生きながらえる屈辱にもとても耐えられません (後略)」

「ひとつの時代をせいいっぱい生きてきました。悔いはありません」と潔く、そして、おしんに感謝の言葉を添えて、竜三は手紙を結ぶ。それを読んだおしんは、終戦の夜、ふたりでゆっくり語り合ったとき、夫の覚悟を予見できなかったと嘆く。そして、二十何年一緒に暮らしてきたのに、見抜けなかったと肩を落とす。一方、佐賀の母（おしんの姑）は、息子の位牌の前で卑怯だと叱る。意気地なし、やり直す甲斐性がないから逃げたと、とことんなじる。そんな姑に、おしんは語る。

「私は、竜三を立派だと思っています。戦争が終わったら、戦争中は自分も黙っていたくせに、自分ひとりは戦争に反対してきたみたいに、馬鹿な戦争だったとか間違った戦争だったとか偉そうなこと言って、私もそうでした。暮らしが豊かになるためだったらって竜三のしごとに目をつぶってきました。戦争のおかげで自分だってぬくぬく暮らしてきたくせに、いまになって戦争を憎んでるんです。（中略）そんな人間に比べたら竜三はどんなに立派か。自分の信念を通して生きてそれが崩れたときに節を曲げないで、自分の生き方にけじめをつけました。私はそんな竜三が好きです。大好きです。あの人との結婚生活ではいろんなことがありました。別れようと思ったことも一度や二度ではありません。でもいまは本当に、一緒になれてよかったと思っています。あのひとにめぐりあえて、二十何年妻でいられたことを心から誇りに思っております」

それを聞いた姑は、「竜三はよか人ば女房にもったたいね」と一転、笑顔を見せる。「竜三の遺書にも、おいの人生で一番幸せやったとは、よか伴侶に恵まれたことって書いてあった」と。

自分より早く起きて遅く寝ろ、うまいご飯をつくれ、などと歌い上げて120万枚以上のミリオンセラーとなったさだまさしの『関白宣言』は、1979年に発売されると賛否両論が巻き起こり、「女性蔑視だ」と批判の声も上がった。とはいえ、この頃は、夫婦が死ぬまで連れ添うことを幸福のかたちとする視点が主流だったのだ。橋田壽賀子は、前出の自叙伝『おしんの心』で、「夫婦の間で『男女平等』はありえないと思っている」として、こう綴る。

〈夫婦というのは、一緒に力を合わせてうまくやっていくことを、まず考えるべきで、そのとき女に必要なのは、「内助の功」をおいてほかにありません〉

〈女は内助の功を通じてこそ自立できるからです〉

橋田壽賀子は、これまでに大河ドラマを3本（『おんな太閤記』『いのち』『春日局』）、朝ドラを4本（第8作『あしたこそ』、第31作『おしん』、第47作『おんなは度胸』、第52作『春よ、来い』）を手がけるほどの大作家で、それこそ、男を華麗に乗り越えてきた人物のような印象が強いが、実生活は違っていた。『おしんの心』からは、夫を立てている様子がうかがえるのだ。

1959年に勤務先の松竹を退社してフリーの脚本家となった橋田は、41歳のとき、テレビ局のサラリーマンと結婚した（その考え方はしっかりしている）。だが彼女は、夫の安定に甘えることはなかった。執筆作業は、夫が外で働いている間のみ。夫が帰ってくる前には仕事を終え、家事もしっかりこなしていたという。夫からは〈僕の目の前では絶対に原稿用紙を広げないこと〉と言い聞かされていたという記述には目を見張るが、橋田はその限られた時間で仕事をする緊張感を、いいほうに転化して脚本にぶつけていたのだ。そういう人物の書く作品だからこそ、おしんがどんな酷い目にあっても夫を尊敬して愛し、夫からも「おしんのような妻をもって幸せだった」と言わせるドラマが生まれたとなれば、大いに納得できる。

橋田壽賀子は、人生も作品も少しもブレていない。彼女の人生こそ朝ドラになると思っていたところ、『おしん』から10年後の94年、『春よ、来い』で自伝的朝ドラを書いた。夫が癌で亡くなるまでの物語を、『おしん』と同様1年間続けた大作だ。テーマは〝女性の自立〟。さらに2012年に、ドラマスペシャル『妻が夫をおくるとき』（TBS）も書いている。

老後に茶飲み友だちをつくる

さて、ここでもう一度、活動家・浩太の話に戻る。彼は、小作人の解放を目指していたが、紆余曲折を経て、運動から足を洗うと結婚後、商売に精を出す。おしんが営むスーパーマーケットと、浩太の息子の店が因縁の争いを繰り広げるが、彼女のスーパーが窮地に陥ると手助けをするなど、最後の最後までおしんに何かと手を差し伸べる。明治から昭和の終わり近く（1984年）まで、登場人物の多くが死んでいくなか、生き残ったのは結局おしんと浩太。ふたりは昔話のできる茶飲み友だち的な存在として、これからも生きていこうとしみじみ語り合う。

浩太が結婚しているのでそれしか道はないが、実在のモデルが存在するわけではないのだから、最後は浩太と結ばれるという展開になっても問題はない。だが、おしんは、夫の死後、再婚することはない。

第6作『おはなはん』をはじめ、朝ドラのヒロインは、最初の夫に操を立てることが多い。だからこそ、早くに夫を亡くして、次の伴侶との関係を描く第68作『こころ』などは新鮮な取り組みに映った。

おしんは辛抱していたのか

朝ドラにも詳しい評論家・宇野常寛は『カーネーション』に関する原稿「糸子のために」の中で、『おしん』についてこう書いている。

〈おしんの人生は最初から最後まで、家父長制的な男性性との戦いだった。そして「朝ドラ」が戦後社会において女性のロール・モデルをひたすら描こうとしてきたことを、そしてその最大の成功作がこの『おしん』であることを補助線として引いたとき、僕はいつもこの問いで立ちどまる。果たして、おしんは男性性との闘争に勝つことができたのか、と〉

そして、宇野はこう結論付けている。〈僕は結局おしんは男性社会の、家父長的な支配から逃れられなかったのだと思う〉と。彼は、『カーネーション』がおしんの逃れられなかったものから脱した画期的なドラマであるとも指摘する。第10章でも触れるが、たしかに『カーネーション』は男性性を超える新しいドラマだった。一方の『おしん』は、最後まで男性性とともに歩んでいて、非常に対照的だ。

『おしん』が圧倒的な人気を誇り、前人未到の高視聴率をとった1983年には、カフェバー、ＤＣブランド、テクノカットが流行り、「軽薄短小」という言葉が世を賑わせた。その２年後の85年、男女雇用機会均等法が制定されて女性の社会進出が進み、バブルの頂点へと向かってひた走る。このときの橋田壽賀子が、やがて日本の未婚率が高まって少子高齢化も進み、国力がやせ細っていくことまでをも予見していたかはわからない。だが、徐々に薄らいでいく戦争の記憶を、橋田壽賀子は『おしん』という渾身の一撃によって、再び呼び覚まそうとした。

また、明治から戦後にかけての女性の生き方が『おしん』で存分に描かれたからこそ、それに代わる新しい女性の生き方を描いたドラマがいま、生まれているとも言えるだろう（『おしん』が終わった１９８４年〈北三陸鉄道開通の年〉に、『あまちゃん』のストーリーがはじまることの必然性は、文筆家の中川大地が『あまちゃんメモリーズ　文藝春秋×ＰＬＡＮＥＴＳ』〈文藝春秋〉で指摘している）。

放送開始から34年が経った２０１７年、あらためて『おしん』を観たとき、おしんは何物にも敗北していないことを痛切に感じた。こんなふうに毎朝、日本中に向けて、〝いま〟という時代を批判するドラマはもう生まれないだろう。なにより、おしんは存分に、生きて、愛した。それは、決して辛抱でも不幸でもなく、幸福そのものだったといえるのではないか。

第9章

人生なめ過ぎな主人公
――『まれ』――

主人公：紺谷希（旧姓：津村）
舞　台：横浜・能登
時　代：1994～2015年

「女の子の夢」ナンバーワン

２０１７年、第一生命保険が発表した「『大人になったらなりたいもの』アンケート調査結果」によると、男子の１位は7年連続サッカー選手で、女子は20年連続でパティシエやケーキ屋さんを含む食べ物屋さんだった。オリンピック選手の活躍やノーベル賞受賞者の影響で、水泳選手や学者、博士などを希望する子が増える年もあり、その時々の世相によってなりたいものにも変動があるにもかかわらず、女子のなりたい食べ物屋さんは、20年間不動の圧倒的人気職業だ。

ところが、夢いっぱいの子ども時代を過ぎて大学生になると、様相は一変する。たとえば、リスクモンスターという会社による「大学１、２年生が就職したいと思う企業・業種ランキング」調査（２０１６年）では、公務員が１位（地方公務員）と2位（国家公務員）を独占。その理由の多くは「安定している」から。子どものころの夢とは大きな違いだ。

現実に直面する前の女子の人気職業の最高峰とも言える「パティシエ」を目指す女の子をヒロインに据えたのが、第92作『まれ』だった。

放送開始は２０１５年３月。製菓指導には、地元・石川県の七尾市出身の辻口博啓《ひろのぶ》がクレジットされている。彼は海外で開催されるスイーツの大会において数々の優勝経験を持つ、世界的に実力の認められたパティシエだ。

ドラマの主舞台は、この年の3月14日、北陸新幹線が長野から金沢まで延伸し、東京からもかなり身近になった石川県の能登。その半月前には、奥能登を舞台にした映画『さいはてにて～やさしい香りと待ちながら～』（監督：チアン・ショウチョン）が公開されている。この映画には地元の珈琲店をモデルにした店が出てきていて、珈琲とともに石川県のイメージアップに貢献していた。2017年2月に筆者が金沢を訪れたときも、新幹線開通はもちろんのこと、この映画と朝ドラのおかげで観光客が増えたと飲食店のスタッフが笑顔を見せた。アラサーと思しきこの男性スタッフは、ふだん朝ドラを観る習慣はないが、やはり今でも『まれ』の印象は強く残っていると話す。新幹線開通にあわせ新しくなった駅舎に隣接したお土産ショップには、辻口ブランドのお菓子も並んでいた。

女の子の夢、能登観光活性化の夢……さまざまな期待を背負って『まれ』ははじまった。製菓指導の辻口は能登の和菓子屋に生まれ、世界的なパティシエになった人物ということもあり、『まれ』がはじまる前、筆者は「ヒロインの津村希《まれ》も世界のパティシエになるなり、少なくともその地位にまでかなり近づくなり、そういう自己実現をテーマにした内容になるのではないか」と想像していたが、このドラマは、その予想を大きく覆した。

希は「夢が嫌いな女の子」だった。

夢に向かってショートカット

2015年3月30日放送の第1話で、小学5年生の希は「私は夢が嫌いです」という作文を読む。なぜ、彼女は夢が嫌いなのか。その謎は徐々に明かされていく。

東京で生まれ育った希（土屋太鳳）は、1994年、小学5年生のとき、父（大泉洋）の失業により、能登に引っ越す。そこは津村家とは縁もゆかりもない土地で、希は血のつながりのない老夫婦（田中裕子、田中泯）の家に居候しながら、成長する。

かけ足であらすじを説明すると、一時期、希は横浜でパティシエ修業をするが、やがて能登に舞い戻り、幼なじみ（山﨑賢人）と結婚。男女の双子を産み育て、自分の店をもち、妻として、母として、「パティシエ」として生きていくところで、ドラマは終わる。

希が「夢が嫌い」なのは、父親が夢に生きたものの失敗を繰り返し、一家に貧しい生活を余儀なくさせたからだった。父みたいになりたくない、夢なんて見ず、目の前のことを「地道にコツコツ」やって、人様に奉仕する——そんなつましい人生観を幼いころから抱いていた希が選んだ職業は、安定した公務員。子どものころの希は、現実世界の多くの女の子とは逆に、公務員を目指していたのだ。

もちろん、それでストーリーは終わらない。なにしろ、ドラマは26週（156回）もあるのだから（希が公務員になったのは第4週で、ドラマの前半も前半である）。

ところがその後、なぜか希は「地道にコツコツ」とは真逆な生き方を歩みはじめる。

本当はケーキをつくる人になりたくて、でもその気持ちに蓋をして公務員になったものの、やっぱりパティシエの夢をあきらめきれなくて……誰しも一度は経験するであろう葛藤＝「迷い道」である。希はその迷い道からゴールに向けての道筋を、行き当たりばったりの選択とショートカットで強引に駆け抜けていく。

夢を実現するためには、努力が必要だ。「夢」とは「目標」であり、「生きる軸」であり、「信念」だ。信念をもった者が、夢に向かって一直線に努力する。なにしろ、希が目指すのはパティシエ＝職人だ。それ相応の下積みが必要なのは、当然だろう。ふつうならそう思う。

ところが、希は安定した公務員をさっさと辞めて、横浜に出てきて修業をはじめた途端、恋して、結婚して、能登に戻って、主婦やって、出産して（しかも双子）、地元でケーキショップ開いて……と、とにかく腰を落ち着けることがない。朝ドラは、ご都合主義的なものであって、そう目くじら立てなくても……と思うむきもあるだろうが、それにしても風の吹くまま気の向くままなのだ。そこに疑問を感じる視聴者は多く、『まれ』は2010年代の朝ドラの中では、2012年の第87作『純と愛』に次ぐ賛否両論が巻き起こった。

　もっとも、朝ドラでは何作かに一回、そういった騒動が勃発する運命にあるようだ。たとえば内容が後半、大幅に変わった1991年の第46作『君の名は』は、脚本家が病気で入院し、代打の脚本家が投入されただの、テコ入れがなされただのと、当時の週刊誌にさんざん書かれていた。

何かを得るためには何かを捨てるべき？

『まれ』に話を戻そう。身も蓋もないその展開における救いは、希が弟子入りしたケーキショップの師匠（小日向文世）だった。頑固おやじで、自分の腕にプライドをもち、決して妥協しない。人生すべてをケーキづくりに捧げているような人だ。いわく、「何かを得たいなら何かを捨てろ」。筆者は、「うんうん、それぞれ」とテレビの前で大きく頷いたものだが、世捨て人的な変人かとも思われた師匠もまた、しっかり家族をもっていた。仕事も順調で、何も捨てていなかった。まあ、それはいい。仕事と家庭の両立はあっていい。それも「夢」と言えるから。

　もうひとつの救いは、希のライバル、陶子（柊子）の存在だ。横浜のケーキショップで希の先輩だった彼女は独身を貫き、日夜ケーキづくりの腕を磨いている。やがてスターパティシエになって、希と再会したとき、仕事も故郷に帰って暮らすことも結婚も子育てもと、何ひとつ捨てることなく生きている彼女を、陶子は「なめ過ぎ〜」と批判する。

コツコツ系の人間をちゃんと物語の中に配置することで、ドラマとしてはバランスを取っているのだが、肝心の主人公がまさに「なめ過ぎ」で、自己実現のための苦役と、それに伴う心身の疲弊はほとんど描かれない。その伏線のつもりだったのか、子どものころから身体は丈夫であることが描かれていたため、半ば皮肉ではあるが「夢は強い思い込みと強靱な身体によって獲得できる」という教訓を、『まれ』からは得ることができる、ともいえる。

当然出てくるヒロインを羨む存在

恵まれたヒロイン・希を「なめ過ぎ」と喝破する働く独身女性・陶子は、視聴者の溜飲を大いに下げる存在だったが、ほかにもうひとり、主人公を相対化する女性がいた。

朝ドラにはよく登場する、主人公と同世代の女の子として設定された、幼なじみの一子（清水富美加）だ。容姿に恵まれモデルに憧れていた彼女は、高校生のころから何度もオーディションを受けて東京を目指す。だが、当然のことながら芸能界は予想以上に厳しく、もちろん夢はかなわない。

やがて都会で望まない水商売をしながら、ブログで〝リア充〟な生活を演じ続ける一子。それゆえに、仕事もプライベートもうまくいっている親友・希が憎々しく、「わんこ」というハンドルネームで「安くてうまくて簡単スイーツ」を紹介したブログを始めると、希のスイーツを酷評して妨害するという暴挙に出る。

一子役を演じた清水富美加には、もともと『まれ』のヒロインオーディションを受けたものの、土屋太鳳に破れ、お友だち役として残ったという経緯がある。『連続テレビ小説まれ ファンブック』（洋泉社ＭＯＯＫ）で、彼女は〈土屋太鳳ちゃんが希みたいに本当にキラキラしているから、自分の至らない部分とくらべちゃう感じは私にもあって〉と発言している。希とのコンビニ出店を賭けたスイーツ対決（じつは一子が仕掛けた出来レース）については、〈一子のなかの天使と悪魔の戦いですよね。希があまりに天使なので、「自分なんかが天使感を出してもしょうがない」っていうジレンマがずっとあったんだと思うんです。だから、思いどおりにならないのが全部希のせいに思えてしまう〉と追い詰められた一子の気持ちを解釈している。

蛇足ながら、最近の清水富美加の言動は、一子に近い気がしないでもない。

清水は、『まれ』から2年後の２０１7年、仕事を一部残しながら所属事務所を辞めて、両親の影響で子どものころから入信していた宗教団体に突如、出家してしまった。その騒動のさなか、暴露本『全部、言っちゃうね。』（幸福の科学出版／千眼美子名義）を刊行し、悪魔のような役を演じずに済むならそれに越したことはないと記すのだ。こうした直情的ともいえる行動は、夢破れたのち、ネットの世界で架空の自分をつくり上げていた一子と、かぶらないだろうか。

一方、土屋太鳳の場合、『まれ』以前は、漫画原作で映画化もされたドラマ『鈴木先生』で、教師を惑わすような魔性の女子中学生を演じていたが、『まれ』以降は、ピュアな女の子の役柄が目立つ。〈やっと最近、いろいろな感情はすべて愛情から出てくるものなんだって気づきました。だから演じる前はなるべく愛情深く〝大好きだ！〟とか〝ありがとう〟って気持ちを込めるようにしています〉（土屋太鳳インタビュー『迷いを得ることができた…充実して駆け抜けた、不思議な1年』オリコンニュース　2016年1月1日）などと、眩しさを振りまいている。

奇しくも清水が演じたいと思っていた、天使のような役柄が多いのは、何とも皮肉だ。

喪失体験と朝ドラ

ところで、「なめ過ぎ」と批判される主人公はなぜ誕生したのか。

そんな疑問を抱いた筆者は、「エキレビ！」で連載していた『まれ』の毎日レビューに、「この世界には戦争も震災もない『まれ』108話」(2015年8月3日)を書いた。一部改変して、ここに再録してみる。

脚本家の篠﨑絵里子は、「悲劇的なことはなるべく明るく描きたい。悲劇を悲劇のまま描くと、大事なことが抜け落ちてしまう気がします」と公式サイトのインタビューで語っています。

そのわりには、申し訳ないですが、『まれ』の登場人物に、悲劇を笑い飛ばすほどの底抜けな明るさを感じません。その明るさは、ほどほど。なぜなら、明るさで吹き飛ばしたい出来事がほどほどでしかないからでしょう。

『まれ』の住人たちには、限界を超えるほどの熱さやがんばり感がない。カッとなるものの、葛藤もないまますぐに冷めて、にこにことめでたしめでたしになってしまう。それに比べると、この数年の朝ドラは、自分の置かれた負の状況を乗り越えようとがんばり、その熱が簡単に引かないひとたちが多かったです。それだけ困難が手強かったんですね。ざっと思い出してみますと――。

2014年『マッサン』、スコットランドから日本に嫁に来たエリー、よくがんばっていました。『花子とアン』、花子もがんばっていましたが、蓮子さまの沸点の高さはかなりのものでした。2013年『ごちそうさん』、め以子と小姑・和枝とのバトルは相当熱かったです。『あまちゃん』、最終週のタイトルに「おらたち、熱いよね!」とあるくらいです。2012年『純と愛』、襲ってくる重い出来事と必死で闘っていました。『梅ちゃん先生』、戦争で焦土になった場所からはじまっただけあって、みんながんばっていました。2011年『カーネーション』、恋にも仕事にもがんばっていました。『おひさま』、ヒロインの名は太陽の陽からとった陽子、エネルギッシュでした。

ここにあげた作品はどれも、登場人物が戦争か震災を体験しているんです。『おひさま』『カーネーション』『梅ちゃん先生』『ごちそうさん』『マッサン』=第二次世界大戦、『純と愛』=阪神・淡路大震災(子供のときに経験している設定)、『あまちゃん』=東日本大震災、『花子とアン』=関東大震災と第二次世界大戦のダブル。

さらに少し遡ると、2010年の『ゲゲゲの女房』は、ヒロインの夫が戦争で左腕を失った漫画家(不自由なカラダで漫画を描いている向井理の凄まじい表情、忘れられません)で、『てっぱん』は『まれ』同様、戦争も災害も描かれていません。

朝ドラでは必ずしも戦争や災害が描かれるわけではないものの、戦争や災害、家族の死など、大きな喪失体験が描かれることは多いです。とくにこの数年は、前記のように戦争があった時代を描いたものが続きました。ところが、戦後70年、阪神・淡路大震災から20年にあたる今年、『まれ』には戦争も震災も描かれていません（いまのところ）。

『まれ』は２０００年代のおはなしなので、戦争は今後も描かれないでしょうし、震災に関しても、阪神・淡路と東日本のちょうど間の物語なのでどちらも描かれないのではないかと推測します（筆者注：最後まで描かれなかった）。

『まれ』を見ていると、大きな喪失を体験しなければ人間は熱さやがんばりをもつことができないのだろうか、と考えてしまうのです。いや、本来、徹（筆者注：ヒロインの父）の自己破産などは相当大きいと思うのですが……ということはさておき、熱い感動や共感を得る物語をつくるために大きな喪失に頼るのもどうなんだろうか、と『まれ』に問われているような気さえしてきて……。

最終回まで見た筆者が感じたのは、戦後、復興の大きな〝夢〟や〝目標〟に向かってガツガツ努力してきたはずの日本が、70年後のいま、あまり幸せになっていないのはなぜなのか、ということだった。

だが、制作者側の意図はそれとは違うところにあったようだ。

人はそんなに成長しない

繰り返すが、『まれ』には決定的に大きな喪失ともいえる戦争や震災などが描かれなかったうえ、登場人物が亡くなることもなかった。誰も亡くならない朝ドラは極めて珍しいが、それはなぜだったのか。

『まれ』終了後、筆者はプロデューサーの髙橋練氏にインタビューを試みた。

〈正直言うと、ドラマにおける死はカタルシスになります。でも、今回はあえてそれを描くのはやめようという話は確かにしました。能登では大きな地震もあって、我々が取材した塗師屋《ぬしや》さんも地震で蔵が壊れて、それをみんなで再建したそうで、そういうことを盛り込む可能性もあったのですが、たとえば、希が必死になって（震災の被害を）なんとかする話をやっていいのかどうかってことと、そもそも『まれ』ってそういう世界なんだっけ？　ってことでやめました。それと近いところで元治《がんじ》（田中泯）や弥太郎（中村敦夫）が亡くなるっていう案もひとつあったんですけど、早い段階で封印しちゃいました。80歳過ぎてもみんな元気に生きています〉（「ドラマ最前線　制作者イ

ンタビュー4 NHK髙橋練「まれ」高志のバックボーンを描かなかったわけ」ヤフーニュース 個人 2015年10月24日)

髙橋氏によれば、昨今、放送倫理の問題があって、地震とか戦争を描くと見たくないという視聴者の声もあるそうで、「『まれ』でも意識的に飛ばして、台詞で「地震があった」などと説明的に言わせるのもやめました」ということだった。

放送の8年前の2007年に能登半島地震が起きているが、それがどの程度の被害だったのか、恥ずかしながら筆者は『まれ』をきっかけに知った(石川県のホームページ内「平成19年能登半島地震災害記録誌」を見ると大きな災害であったことがわかる)。

ただ、それが『まれ』で描かれることはなく、現代劇であるにもかかわらず、パラレルワールドの日本のような印象を受けた。ある意味、つらく苦しいことがほとんど起こらない、パラダイスだ。

『まれ』をつくった意図を、髙橋氏はこのように明かす。

〈大まかな着地点は決めてありました。それは、人がそんなに成長する話にしないことですね。たとえば戦争などを経て人間が成長していく話は、ひと昔前の朝ドラの主流でしたし、また最近それが盛り返してきて主流になってきていますが、今回はその路線をやらなくていいかなと思っていました。（中略）

ぼくは、主人公の成長譚とは違う朝ドラの良さがあると思っているんです。だから『まれ』では、人と人とのつながりやあったかさ、日常が続くことの面白さを描きたいなと思いました。お父さんが何度も失踪して、最後はまた帰ってきて、はたしてそれが解決になるかっていうと、なってないですよね。お金の問題も、圭太（山﨑賢人）が解決したようなことを言っていますが、具体的にどれだけの金額がどうなったのかっていうのは曖昧ですし、お父さんがこれから能登でどうやって生きていくんだっていうこともすごく曖昧です。ただ、そういう人でも存在していいっていうことを受け容れていける空気というか、世界を描きたかったんです。

希ちゃんに関しても、もしかして子どもたちを犠牲にしてでもケーキをつくるっていうシーンがあってもよかったのかもしれませんが、あえてそっちじゃない主人公を描きたいという思いがありました。結末のストーリーラインが途中で変わっていくことがあったとしても、そういう世界観というかドラマの方向性は最初から一貫していました。少なくとも、華々しくパリのコンクールで優勝して終わるような結末にはする気はなかったです〉（前掲「ドラマ最前線　制作者インタビュー4　NHK髙橋練「まれ」高志の

希の師匠が語った、「何かを得るためには何かを捨てる」という考えは、いまの時代、当然のこととして受け容れる風潮が強い。長引く不況のせいで、若者が無欲になったと言われる。「何かを得るために何かを捨てる」ことが当たり前のようになり、欲望に忠実に生きる希を視聴者が疑問視するのも、時代の流れなのかと思う。つましさが求められることのご時世、『まれ』は、あえて究極の夢に挑んだドラマともいえるのではないか。

ただ、そうはいっても、主人公があまりにも夢に向かってまっしぐらだと、視聴者の共感を得るのは困難であることも感じさせた一作だった。

第10章

朝ドラを超えた朝ドラ
——『カーネーション』——

主人公：小原糸子
舞　台：大阪（岸和田）
時　代：大正～平成

裁縫は女のもの？

この本を読んでいる方は、学校の「技術・家庭科」の授業が家庭科＝女子、技術科＝男子というように分かれていた世代と一緒だった世代、どちらだろうか。それによって「裁縫」に対する認識が変わるのではないだろうか。

戦後しばらくの間、中学の「技術・家庭科」の授業は男女に分かれ、おもに男子は木工、金工、機械、電気などを、女子は被服、食物、住居、保育などを学んでいた。しかし、幾度かの学習指導要領の改訂を経て、1993（平成5）年以降、男女一緒に学ぶようになったので、近年、裁縫＝女子という意識は薄まりつつあるのかもしれない。

とはいえ、そもそも裁縫教育が女子を対象に行われるようになったのは、150年近く前の1879（明治12）年のこと。「教育令」によって学校教育に「手芸」（裁縫と行儀作法）が導入されると、以来、女子の裁縫教育は重要視されてきた。

2011年10月からはじまった『カーネーション』のヒロイン・小原糸子（尾野真千子）が生まれたのは、1913（大正2）年。まさに、女子の家事裁縫教育が盛んなころだ。女子が裁縫をするのが当たり前だったこの時代、ミシンに出会って技術を習得すると、女性の必須科目・裁縫の世界の先頭を走り出す。ミシンの力を借りて和服から洋服へと人々のファッションを鮮やかに塗り替えた糸子は、小原洋裁店（のちオハラ洋装店）を開業。第二次世界大戦中に父と夫を亡くすと、いよいよその技術を生かして活躍していく。

その間、ずっと裁縫＝女子というイメージが強かったところ、糸子のモデルである小篠《こしの》綾子が74歳にして〝コシノアヤコ〟ブランドを立ち上げた。中学生男女の「技術・家庭科」の共修が始まる、数年前のことだった。

朝ドラ史上最高に男らしいヒロイン

ファッションデザイナー・コシノヒロコ、ジュンコ、ミチコのコシノ三姉妹を産み育てた小篠綾子は、呉服商を営む父母の長女として兵庫県加西郡に生まれ、岸和田に転居後、「コシノ洋装店」を開店。〝岸和田の肝っ玉母ちゃん〟と呼ばれるほど豪快な人物で、92歳で天寿を全うするまで、現役を貫いた。とてもエネルギッシュ、パワフルな性分で、娘が言うには「いちびり（お調子者）が可愛い」人。脚本家・渡辺あやも、朝ドラ『カーネーション』がはじまるとき、合わせて発売される『連続テレビ小説 カーネーション』（NHK出版）で次のように紹介していた。

〈主人公の糸子は、朝ドラ史上最高にガラの悪い……、もとい、男らしいヒロインだ

と思います（笑）。「ボケ！」「アホか！」などと悪態もポンポンつきます〉

幼いころから糸子は男の世界に憧れていた。

ドラマのはじまりで、岸和田のだんじり祭の様子が力強く描かれる。だんじり祭は、スピードに乗ったまま方向転換する「やりまわし」が最大の見どころで、だんじりの屋根の上で指示を出す「大工方」は祭りの花形である。その圧倒的なダイナミズムに糸子（子役：二宮星）は夢中になる。だが、岸和田のだんじりは「女人禁制の世界」だ。この厳然とした事実に、糸子はまず向き合うことになる。

女性が立ち入ることのできない世界を描いた朝ドラといえば、1992年の第48作『ひらり』（脚本：内館牧子）がある。女性が上がることのできない相撲の土俵。相撲に憧れていた主人公のひらり（石田ひかり）は、せめて相撲に関わりのある仕事に就こうとする。ひらりが、相撲をやりたいというふうにならないのは、内館が好角家でもあるからだろう。それについては第6章で詳述した。

糸子はというと、男と同じ世界に居並ぼうとする。ドラマ最初の重要な局面は、糸子が男友だちと喧嘩するシーンだ。父・善作（小林薫）にとがめられ、「女やからって、女やからってなめられたなかった」と反論すると、父に力いっぱい平手打ちされ、「コレが男の力じゃ。おまえに出せるのか、出せへんやろが、おまえはどうあがいたかって女なんじゃ。女が男と張りおうてどないすんじゃい」とカラダに言い聞かされる。

腕力に訴えられ、どうしようもなくなった糸子は、女である自身に絶望する。

だが、その後糸子はミシンと出会うと、カタカタと走る機械仕掛けのその物体をだんじりに置き換え、裁縫に目覚める。裁縫というと女性らしさの象徴のように捉えられがちだが、糸子は男勝りな性格のまま、裁縫を得意技として生きていく。男のすることに負けたくなかった女が、女らしさの象徴を誰よりも巧く使いこなすことで、女らしさや男らしさを乗り越えていく。このとても痛快な物語は、和服が洋服に変わるように、これまでの朝ドラのイメージを塗り替えていく。

次々と消えていく男たち

男になめられたくなくて、男だけに許されただんじりに代わるものを得たい――。そう願いながら生きていく糸子は、やがて、男だけでなく、さまざまな障壁を乗り越えていく。そこがこの『カーネーション』の面白さであり、深みとなっている。

男を超えることとは並大抵でない。肉体的な差異や世間の偏見があるし、男のプライドも傷つけかねない。それらを冷静に描いたのが『カーネーション』だ。

糸子に絶望を植え付け、その後も、あっぱっぱ（夏に着る女性用の衣服）を縫ってはいけないと禁じるなど、何かにつけ糸子の前に壁となって立ちはだかる父・善作が、まず、糸子が乗り越えなければならない最初の存在である。

明治生まれで、「男が絶対」という考えの持ち主だから、女性に対しては非常に高圧的に描かれていた。いまの時代だったらDVと指弾されかねないような言動を当たり前のようにする。ところが、糸子の仕事がうまくいきはじめると、絶対的な存在として君臨していた善作の立場が危うくなっていく。善作が酒を飲んで酔っ払っている時、娘の糸子が「家を支えているのは私」と主張するのだから、父の立場はなくなってしまう。本人も気づかないうちに、娘は父のプライドを損なっていたのだ。

「父殺し」の儀式は物語の定型のひとつだが、たいていは息子が父を乗り越える話である。原点であるギリシャ悲劇『オイディプス王』を現代にみごとに置き換えたものが『スター・ウォーズ』だが、『カーネーション』ではヒロインがある種の「父殺し」をして前進していく。

一家の大黒柱であるべき父に代わって、小原洋裁店を立ち上げた糸子のもとに、のちの夫・勝（駿河太郎）が現れ、彼との間に3人の子どもをもうける。これが、コシノ三姉妹をモデルとした優子（新山千春）、直子（川崎亜沙美）、聡子（安田美沙子）である。

だが、勝は愛娘たちを残して戦死したように、復興に励むはずの男たちの多くが、『カーネーション』の舞台上から消えていく。とりわけ、第1話の冒頭でだんじりに颯爽と乗っていた男たちが残らずいなくなったのは印象的だ。さらに、父・善作も不慮の事故で大やけどを負い、湯治先で帰らぬ人となる。遺言のつもりだったのか、大福帳に〝オハラ洋装店　店主　小原糸子〟と書き残して。

はたして、男とは女よりもほんとうに強いものなのだろうか――。ドラマはそう問いかけるようだ。

女たちのしたたかさ

『カーネーション』では、戦時中の女たちが意外としたたかにおしゃれを楽しんだり、夫のミシンを供出せよと言われても歯向かったりする様子が描かれる。もちろん、男たちが亡くなっていくことの深い悲しみは表現されているが、なぜか、なかなか泣けなかった糸子が最終的に号泣する場面は、赤い花びらが地面に散ったところと重なって、鮮烈だった。台詞に頼らず、隠喩のような手法で観た者の想像に委ねる演出が、朝ドラらしからぬと言われた『カーネーション』の中でも、代表的なシーンとして語り継がれている。

やがて終戦。玉音放送を並んで聞くのは全員女である。そこへ、木岡履物店の保男（上杉祥三）が、日本が負けたと血相を変えてやってくる。集まった女たちも散り散りになってひとり部屋に残った糸子は立ち上がる。

糸子「さ、お昼にしようけ」

毎日の生活の延長線上の行動として描いたこれを、朝ドラを3作手がける脚本家の岡田恵和は「素敵だった」と絶賛している（第12章参照）。このシーンに象徴されるように、『カーネーション』の面白さは、いろいろな出来事を紋切り型に描かなかったことだ。たとえば、終戦や肉親の死を、命の営みのなかでは十分に起こりうることとして、絶望や悲しみをことさら強調することなく、それを乗り越えた先の、「次はどうアクションするか」に重きが置かれていた。それもさりげなく。渡辺あやは、インタビューで〈不幸や不条理に立ち向かうには、すごく地味なことをコツコツやっていくしかない、という感じがしませんか。あるところに大きな救いがあって、そこに自分も回収される、というのは絶対うさんくさいし、本物じゃない。小さくて地味で一見、『これかよ』みたいなこと（後略）〉と語っている（「朝日新聞」２０１２年４月４日）。

視聴者を騒然とさせた不倫劇

戦争が終わると糸子は真っ先にモンペを脱ぐ。街も復興し、おしゃれに対する意欲が戻ってきていることを肌で感じる糸子。日本はますます洋装の時代になっていき、糸子の仕事も活気づく。

そこで出会うのが周防龍一（綾野剛）だ。『カーネーション』の後半戦をおおいに盛り上げた人物である。長崎からやってきた周防は故郷に妻を残しながら、糸子と恋に落ちたことで、健全な朝ドラの世界に背徳感をもたらした。

〝朝ドラ史上最高傑作〟と言われた『カーネーション』は物語として評判になる一方で、この禁断の愛にうっとりする視聴者と、不倫はよくないと嫌悪感を抱く視聴者とがSNS上で激論を繰り広げ、大きな話題を呼んだ。

当の糸子は、「気色の悪いモン持ち込まんといてください。あかんもんはあきませんでしょ。よそさまの旦那しゃあしゃあと囲い込むような真似、先生にはせんといてほしいんですわ。お願いします」などと身近な人間に泣いて頼まれる有様。亡き夫の写真を掲げられ、みんなから突き上げをくらうシーンまであった。

もとより不倫ドラマは珍しいものではないし、女性の〝好物〟でもある。1977年には山田太一が『岸辺のアルバム』（TBS）で主婦の不倫を描いて注目を集めた。1983

年から同じくＴＢＳで金曜夜10時に放送された『金曜日の妻たちへ』は、「金妻」という言葉が流行るほどの高い人気を誇り、85年まで二度にわたってシリーズ化された。

これに対し、１９９６年の第55作『ふたりっ子』（脚本：大石静）における、双子の主人公（菊池麻衣子、岩崎ひろみ）の父（段田安則）が演歌歌手（河合美智子）に惚れこんで家を出てしまうというエピソードをはじめ、朝ドラでは夫の浮気問題は定番のようなものだが、ことヒロインの、となると、デリケートになる。２００３年の第68作『こころ』（脚本：青柳祐美子）では、主人公（中越典子）の友人（小池栄子）が不倫をしている設定で、主人公はその生き方を受け入れてはいるが、当事者ではない。渦中の人となるのは、１９８９年の第42作『青春家族』（脚本：井沢満）だ。母娘ダブルヒロインの母が娘の元婚約者とキスしたことに、視聴者は一時騒然となった。さらに父は単身赴任先で浮気、やがて夫婦は離婚するというシビアな展開は、朝ドラの新境地として注目された。

ともあれ、『カーネーション』で描かれていたのはもちろん、不倫の是非ではなかった。皆に糾弾された糸子は、やむなく周防に別途、店をもたせることになる。だが、その店を前に糸子は激しく後悔する。

「ごめんな周防さん」「うち周防さんの夢かなえたんやのうて、とってしもたんやな。そらじぶんやのうて女の金で看板あげてもうたかて、なんもうれしうないわな」「うちは周防さんをホンマに幸せにはできへんのやな」

女が自分の力で生きようとすると、皮肉にも男のプライドを損なってしまうという、父・善作のときとまったく同じ障壁に、糸子はぶつかる。

このように、女が男を超えるときの「弊害」を怜悧《れいり》に見つめているところが、『カーネーション』を朝ドラのエポックメーキング的な作品にしたのだと思う。脚本家の渡辺あやは、ヒロインが恋も仕事もなんでも獲得できるという夢物語ではなく、あくまでも「現実」を描いた。

その一方で、晩年、周防の娘に会った糸子は、別れてからも周防の愛情が消えることはなく、自分の行いが無駄ではなかったと知って救われる。結果、男のプライド問題を超えることもできて、いっそう秀作に仕上がったといえるだろう。

性のタブー

『カーネーション』を観て感じたのは、糸子と周防の関係性によって、これまでの朝ドラにない、「性」のニオイがするドラマとなっていたということだ。本来朝ドラは、ヒロインの相手役の魅力が人気を支える要素のひとつであり、ヒロインの相手役を務めたことで以後、絶大な人気を得る俳優も少なくない。第25作『なっちゃんの写真館』の滝田栄、第

48作『ひらり』の渡辺いっけい、第63作『オードリー』の佐々木蔵之介、第56作『あぐり』の野村萬斎、第82作『ゲゲゲの女房』の向井理、第90作『花子とアン』の鈴木亮平などがそうだ。主人公の相手役ではないが、吉田鋼太郎も人気が急上昇した。とりわけ、佐々木や野村、渡辺、吉田など、舞台をホームグラウンドに活躍している（いた）俳優たちにとって、朝ドラの出演前と後では、その知名度に雲泥の差がある。爽やか、誠実、ヒロインのよき理解者という役割で好感度が上がるが、そこでは性のニオイは抑制されている。もちろん、そこはかとない色気があるからこそ女性視聴者を引きつけるわけだが、朝ドラで直接的な性的接触シーンはあまり描かれない。いつのまにか恋して結婚して子どもができ、夫婦生活を過ごして年をとっていく。

ところが、周防と糸子は違った。ミシンを動かしている周防を糸子が背後から抱きしめるという場面は、朝からドキドキものだった。綾野剛のカラダからオスのニオイが立ちのぼる。それ以上、具体的な描写があるわけではないにもかかわらず、男女が精神的にも身体的にも惹かれ合っている様を巧く描くことができたのは、紛れもなく渡辺あやの筆力だ。

渡辺あやを一躍有名にしたのは、デビュー作の『ジョゼと虎と魚たち』（２００３年／監督：犬童一心）だ。下半身が不自由な女性（池脇千鶴）とたまたま知り合った大学生（妻夫木聡）の短い恋の顛末を描いたこの映画における、男と女の関係は、原作である田辺聖子の短編よりもぐっとシビアに描かれている。渡辺あやは、気持ちだけでなくて、妻夫木聡演じる主人公の性欲をごまかさずに描くことで、彼の俳優としての色気を存分に表した。

阪神・淡路大震災について描き、映画化もされた『その街のこども』（監督：井上剛）は、たまたま出会った女性（佐藤江梨子）に主人公（森山未來）と会社の同僚（津田寛治）が性的な好奇心を抱くところからはじまる。杉浦日向子の漫画を原作にした『合葬』（監督：小林達夫）は、滅びゆく運命にある彰義隊の志士が遊郭で女と過ごす日々を描く。

映画やドラマに描くとき、なぜか自主規制してしまいがちな、現実であれば感じるであろう当たり前の感覚や、人間のしようもなさを描く渡辺あやだからこそ、糸子と周防の関係性が描けたのだろう。あまりに生々しくて、目を背けたい視聴者もいたかもしれない。それだけ真に迫っていたのだと思う。

余談ではあるが、渡辺あやの脚本で色気を溢れさせた妻夫木聡と綾野剛は、2016年公開の映画『怒り』（監督：李相日）でゲイのカップルを演じている。この映画のふたりの野性味あふれる色っぽさが眼福だ。

リアルな老い

ヒロインの不倫に関しては、ドラマオリジナルのエピソードではなく、モデルの小篠綾子の評伝にも書かれており、ここを描かずして本質は成立しないと制作側が考えたのだろう。それと似たような例は、第69作『てるてる家族』で脚本家・大森寿美男が体験している。なかにし礼の原作に書かれた夫の不倫を描かないわけにはいかないと思った大森は、朝ドラには不釣り合いかと思いながらも、盛り込んだという。ほのぼの家族ドラマのなかでやや異質とも思えた父の不倫ではあったが、俳優たちのカラッとした演技によって意外と、あっけらかんとした展開になって嫌みなく観ることができた。『カーネーション』はかなり重い描かれ方で、その分、糸子の真剣さが伝わってきたのだが、以後、朝ドラで、不倫を匂わすエピソードは描かれなくなっていく。

モデルとなった小篠綾子は、年をとってからも、若い男性たちに囲まれていたという。ドラマでも、晩年の糸子に3人の若い男性が常に付き従っている場面が描かれた。その晩年の糸子を演じた女優が、『カーネーション』を盛り上げた功労者の一人といえる。

あるときふいに、糸子の演者が、尾野真千子から夏木マリに代わると発表された。これまでの朝ドラでも、世代によって俳優が代わることはあった。代表的なものは、『おしん』の小林綾子、田中裕子、乙羽信子、『すずらん』の柊瑠美、遠野凪子（現・遠野なぎこ）、倍賞千恵子、『おひさま』の八木優希、井上真央、若尾文子などである。

尾野真千子の糸子があまりにハマっていたのに、なぜ代わったのか。SNS上では、さまざまな憶測がとんだが、30歳になったばかりの尾野真千子では描けないことがあった。リアルな老いである。

配役交代に関して、プロデューサーの城谷厚司はこう説明している。

〈企画当初から、糸子の11歳から92歳までを描くつもりでいて、それは今でも変わりません。その間、実に多くのことが起こるのですが、晩年になってからは『老い』との戦いという局面に入ります。そこでは体が衰えているということが大きな要素なので、ある程度の年齢の方にお願いしなければならないと最初から考えていました〉

（黒田昭彦「『カーネーション』主演交代の原因は『おひさま』に?」All About『ドラマ／朝ドラ・昼ドラ・二ドラ』2012年3月8日）

第22週、糸子が尾野から夏木マリに代わったとき、糸子は72歳。何か持病を抱えているというわけではないが、老いで体が重く、階段を上がるのもつらい。それでも立ち上がって前進しないといけないと自分を鼓舞する糸子——。たしかにこの描写には、夏木マリのほうがふさわしい。どんなに演技が巧くても若さ漲《みなぎ》る元気な尾野の身体ではリアリティがない。むろん、尾野真千子の、シャワーの水をよく弾きそうな、なにものにも負けないハツラツとしたカラダは青年期の糸子にピッタリのものだった。

一方、夏木マリの、顔や首の皺が自然と重力に抗えなくなっていくところに努力で拮抗するという、スリリングな美。上品なメイクも相まって、じつに凛としている。

このキャスト変更の制作の決断は正しかったと思う。娘たちに「母というより父みたい」と言われるような糸子は、すでに「男」を超えていたが、彼女は「老い」も超えていた。これがまた、筆者が『カーネーション』を傑作と評する所以である。

総集編のDVDのリーフレットには、〈「カーネーション」というタイトルは、花言葉から思いついたものです。「あらゆる試練に耐えた誠実」という花言葉にひかれ、その花がカーネーションでした〉という、渡辺あやのコメントが書いてある。「老い」はあまたある試練のひとつだ。88歳になった糸子は、病院の入院患者に「自分が輝くことが人に与える力を信じてください」と語りかける。


「85超えたあたりかいな、ごっついええこと気づいたんや」

「歳とるちゅうことはな、奇跡を見せる資格がつくゆうことなんや。若い子が元気に走っていてもびっくりしないが、100歳が走り回っていたら、それだけで奇跡。入院患者がピカピカにおしゃれして、ステージを幸せそうに歩く。それだけでどんだけのひとを勇気づけられるか、希望を与えられるか、いま、自分がそういう資格、いや、こらもう、役目やな、役目をもってるちゅうことをよう考えとき」

老いた人間のものとは思えない、このど根性が『カーネーション』の芯になっている。

死をも超える

「あんたが奇跡になるんやで」と病人を励ましながら、糸子自身の体調も徐々に弱っていく。女のドラマを人間のドラマへと昇華させた『カーネーション』。いよいよ最終週、糸子が危篤になる。ここまで描いただけでも、もう十分なほど充実した作品なのだが、糸子がさらに超えていこうとするものがあった。「死」である。

ドラマが最終回を迎える1話前（第150話）で、糸子は事切れる。最終回の冒頭のナレーション「おはようございます。死にました」に、多くの視聴者は驚いた。亡くなった糸子の目線で、子どもたちの様子を見ていくと、劇中劇のような感じがする。糸子をモデルにしたドラマを作りたいという話が来て、やがてドラマがはじまる。それは、『カーネーション』の第1話だった。

『ぼくらが愛した「カーネーション」』（高文研）に収録されている、早稲田大学文化構想学部教授（テレビ論）の岡室美奈子と評論家・宇野常寛との対談で、岡室は〈生と死を断絶したものとして捉えていないことがわかります〉と指摘しつつ、最終的にドラマの第1話につながるのは〈円環構造が輪廻を感じさせる〉と語っている。つまり、「男」を超えて、「老い」を超えた糸子は、ここで「死」をも超えて、もう一度「生」に戻ってくるというのだ。

ここで、筆者はドラマの重要な小道具であるミシンに、思いを馳せる。ミシンは、糸巻きの役割をするボビンがくるくると回ることで、糸を布に縫い込んでいく。バトンを手渡す、ではないが、次々糸を上にあげていくという地道な作業がマシンの中で行われている。ただひたすら、糸を上にあげては縫い込んでいくという行為が、人間の生の営みのように思えてならない。

また、ミシンの縫い方に「返し縫い」というものがある。一回縫い進めたものをもう一度戻して二度縫いすることで、ほつれを防ぐ方法だ。『カーネーション』は映像を巻き戻すという、朝ドラにしてはトリッキーな見せ方も試みていたことがあり、それにしろ、この最終回の円環的な見せ方にしろ、ミシンの構造を「生」に見立てていたように思う。繰り返し繰り返し、同じような行動をとりながらも、針は前に進むのだ。

こんなふうに『カーネーション』の脚本はじつに緻密であり、実験精神にも富んでいるため、多くの人々がこのドラマに魅入られ、語らずにはいられないのもよくわかる。作品として成熟していたから、『カーネーション』に関して論じるプロの文筆家も多かった。前掲の『ぼくらが愛した「カーネーション」』は帯に「朝ドラ史上最高傑作」と謳っているし、朝ドラ好きを公言するライター田幸和歌子による『大切なことはみんな朝ドラが教えてくれた』（太田出版）は、当時86作（『梅ちゃん先生』まで）制作された朝ドラを包括する内容でありながら、全体の8分の1に当たる1章分をまるまる『カーネーション』に割いて丁寧に紹介。その思い入れに、このドラマがあってこその〝朝ドラ本〟だと感じさせられた。

『カーネーション』の登場によって、朝の15分間を時計代わりに消費するドラマから、じっくり観て語るドラマへと変わる下地が醸成されたのは確かだ。『カーネーション』があったからこそ、『あまちゃん』（２０１３年）でも多くの論客が現れ、関連本も出版されたといえるだろう。

そういう意味で「男」と「老い」と「死」を超えた『カーネーション』は、従来の〝朝ドラ〟をも超えたのである。

第11章

影武者に光を
——『あまちゃん』——

主人公：天野アキ
舞　台：岩手・東京
時　代：1984～2012年

母は影武者

誰もがその存在を薄々わかっていながら、はっきりしたことを語れないでいた職業がある。「ゴーストライター」だ。そもそも、裏の仕事であるそれがにわかに脚光を浴びたのは、2014年2月のことだった。全聾であるにもかかわらず名作を多数生み出してきた音楽家が、じつは全聾ではなく難聴で、作品の創作もゴーストライターの手に委ねていたことが発覚した騒動は世間を沸かせた。

そのスキャンダルが起きる半年ほど前の2013年9月、感動の嵐の中、幕を下ろした第88作『あまちゃん』では、まるでこの出来事を先取りするかのように、ゴーストライターならぬゴーストシンガーの物語が描かれていた。

『あまちゃん』でそれは「影武者」と呼ばれていた。

念のため辞書を引くと、「影武者」とは、〈㊀いざという時に敵をだますために、ふだんから大将や重要人物と同じ服装をさせておき、その身代りとなるように用意した武士(人)。㊁影でさしずする人。黒幕〉とある（三省堂『新明解国語辞典』第三版）。この言葉を有名にしたのは、武田信玄の影武者となった人物の悲喜劇を壮大なスケールで描いた黒澤明監督の映画『影武者』（80年）であろう。要するに「身代わり」だ。その後、第五版（2

004年）になると「世間的にもてはやされているものを陰で支える、日の当たらぬ存在」の項が増えている。『あまちゃん』ではまさに、「影武者」という「身代わり」「日の当たらぬ存在」となる女性がキーパーソンになっていた。

2013年4月にはじまった『あまちゃん』は、東京で引きこもりがちだった女子高生天野アキ（能年玲奈、現・のん）が、母・春子（小泉今日子）の実家・岩手県北三陸市に引っ越してきて、海女の活動に参加したことから快活になり、やがてアイドル歌手になるまでの物語だ。宮藤官九郎の脚本によって、じつにさまざまなエピソードを絡ませながら描かれた。アキは、春子いわく「地味で暗くて向上心も協調性も存在感も個性も華も無いパッとしない子」という設定で、たしかに朝ドラのヒロインにしては伏し目がちで、喋り方もたどたどしいうえに、猫背という、どちらかというと陰な雰囲気をまとっていたものの、その飾らなさ、嘘のなさ、懸命さが多くの視聴者の心を強烈に捉え、アキおよび演じた能年玲奈は大人気になった。

ドラマ放送と同時につぶやかれるツイートの数々、能年玲奈がアキに扮した写真集や作品のファンブック、人間行動学者で滋賀県立大学教授の細馬宏通が毎日ブログに綴った記録をまとめた『今日の「あまちゃん」から』（河出書房新社）が発売されるなど、単なるドラマの範疇を超えた社会現象にまで発展した。とりわけ熱く感じたのは、アイドル評論の大家である中森明夫の発言の〝数〟だった。能年玲奈論を含む『午前32時の能年玲奈』(河出書房新社)も出版された。彼女の登場によって1980年代からのアイドルが総括されたのだ。

じつのところ、視聴率的にはほかの朝ドラと比して特段高いわけではない。しかし、ツイート数が前々作の『梅ちゃん先生』よりも圧倒的に多く、いままでにない新たな視聴者を朝ドラの枠に引き込んだことで、以後の朝ドラの作り方に良い意味でも悪い意味でも大きな影響をもたらすことになった。

「特別セッション〝ソーシャル〟が生むテレビ視聴熱!?」(NHK放送文化研究所『放送研究と調査』2014年6月号)によると、『あまちゃん』は〈視聴率などの量的指標では説明できない質的な〝熱〟が存在することが見えてきた〉と指摘。たとえば、2012年と2013年の3~10月(8ヵ月)における新聞記事件数では、『あまちゃん』が654件、『梅ちゃん先生』が100件と、6・5倍も多く、雑誌記事でも『あまちゃん』のほうが4・9倍多かったという。ツイート数に関しても、同じ最終週で『あまちゃん』は612万5055だったのに対し、『梅ちゃん先生』は52万8120。いずれも全話平均視聴率が20%台とそれほど違いがなかったにもかかわらず、その反応には大きな差があったことがわかる。

これほどの熱狂的な人気を博したのは、アキというヒロインの力だけではなかった。一言でいえば総合力である。脚本が前述の宮藤官九郎。小劇場出身の作家で、バンド活動なども行いディープなファンをもつ。サブカルチャー要素や笑いの要素が満載のうえ、構成力もしっかりしていて、2002年、映画『GO』の脚本では日本アカデミー賞最優秀脚本賞を受賞している。『うぬぼれ刑事』では向田邦子賞を獲った。2019年にはオリンピックを題材にした大河ドラマを書く。

アキの母・春子に小泉今日子、東京でアキと関わってくる女優・鈴鹿ひろ美に薬師丸ひろ子と、80年代アイドルについて描いたこのドラマに、その時代の本当にトップアイドルだったふたりが参加するという、往年のファンにはたまらないキャスティングで、しかもこのふたりが後半、重要な場面で絡んでくることもドラマを大いに盛り上げた。アキをもり立てる脇役も、宮本信子、尾美としのり、杉本哲太、小池徹平、松尾スズキ、渡辺えり、塩見三省、荒川良々、松田龍平、古田新太など個性派が揃って、宮藤のユーモラスな脚本を軽やかに演じ、一日のはじまりをじつに楽しく迎えさせてくれた。

序章でも紹介しているが、プロデューサーの訓覇圭《くるべ》は、〈朝ドラらしさって一言でいうと、朝、みんなが少しでも明るい気持ちになるもの〉と語っていて（『CREA』2014年

1・2月合併号)、大友良英によるテーマソングとともにとにかく毎日、目覚めがよかったのだが、やがて中盤になって、通奏低音に「影武者」という存在があることが見えてきたとき、ドラマはぐっと深みを帯びていく。その中盤の大事な場面が描かれた第16週の演出家・梶原登城は『あまちゃん メモリアルブック』(NHKサービスセンター)でこう語っている。

〈この週を貫いているテーマは〝影武者〟です。鈴鹿ひろ美(薬師丸ひろ子)の影武者だった春子はもちろん、シャドウであるアキも、ダンサーとして表舞台で活躍したかったけれども、マネージャーとして裏方となった太巻(古田新太)も見方によっては影武者なんです。もっと言えば、父親(平泉成)が倒れ、母親(八木亜希子)が失踪し、東京へ行くことができなかったユイ(橋本愛)も影の存在と言えるかもしれません。そういう影の人たちの物語、影武者の悲哀が描かれています〉

これ以上ないほど、端的にドラマの芯を語る言葉である。『あまちゃん』は未分化な主人公の成長物語でありながら、朝ドラでは主人公を際立たせるために必ず登場する主人公の「影」のような存在(たいていは親友、もしくは姉妹などが担当する)に、確かなドラマを作り出した。実際、世の中では本来、キラキラの主人公よりも、その影にいる人物のほうが断然多いはずで、『あまちゃん』はその影に光を当てた。しかもそれを、いわゆる「光」と「影」と紋切り型に切り分けず、「影武者」という時代劇用語を用いることによって、むしろ影にこそ親しみをもたせた宮藤官九郎は、言うまでもなく、創作者として稀有なセンスの持ち主だ。

人としての基本

日本全国が『おしん』フィーバーに沸いていた1984年、北三陸鉄道の開通のとき故郷を出ていった春子が、24年後の2008年に帰郷するところから、『あまちゃん』ははじまる。春子が、娘で主人公のアキに影のように付き従うかと思いきや、むしろその逆で、アキこそが猛烈に勢いのある春子の影のように見える。前述の「地味で暗くて……」のように、アキは母から「目立たない存在」と規定されていて、自分自身でも「パッとしない子」だと思いこんでいる。

さらにアキは、北三陸市の人気者で器量良しのユイ（橋本愛）の影のような存在でもあったが、ユイがご当地アイドルとしてブレイクすると、アキはユイとともにアイドルユニットを結成することになる。当初はユイがアキに光を当てた形だが、やがて運命は皮肉にも、アキのほうがより強く輝いていく。ふたりの関係性については後述するとして、まずは本章の冒頭でも言及した「影武者」について記していこう。

たとえば、海女クラブの安部ちゃん（片桐はいり）。彼女がそろそろ海女を引退しようとしていたとき、アキが現れる。なかなかウニをとれないアキに、祖母夏ばっぱ（宮本信子）が「今月中にとれなかったら二度と海に潜らせない」と厳しくいうが、とれそうにないため、安部ちゃんが奥の手＝影武者となってウニをとったことにする作戦を決行する。

その行為について夏ばっぱは、「おめえのためにやったわけじゃない」「観光海女は接客業。サービスする、喜んでもらう、また来てもらう、おらたちが考えるのはそのことだけだ」と達観している。影武者とは、個人的な憐憫の情ではなく、広い目で見てコミュニティーをよりよく維持するためのものなのだった。

これは、人気アイドルグループ・ＡＫＢ48の頂点にいた前田敦子が「わたしのことは嫌いでも、ＡＫＢのことは嫌いにならないでください」と言ったことから、批評家・濱野智史が『前田敦子はキリストを超えた――〈宗教〉としてのＡＫＢ48』（ちくま新書）で、〈自らを犠牲にする者の利他性に満ちた言葉である〉と指摘したことにも近いのではないか。

事実、影武者は非力なアキをかばうだけでなく、いつまでも安部ちゃんに影武者をさせるわけにいかないとアキに思わせ、結果的に、自力でウニがとれるように鍛えることになる。そして、この行為は、アキに対してはじめて試みられたわけではない。かつて安部ちゃんも、美寿々さん（美保純）も、夏ばっぱに助けてもらっていた。夏ばっぱは、若いかわいい子がウニをとったほうが観光は盛り上がるという考えの持ち主で、きわめてクールなのだ。

このエピソードのとき、アキが「影武者」を「落ち武者」と言い間違えて視聴者を沸かせたが、中盤以降の重要なファクターとなっていくそれは『あまちゃん』を語るうえで欠かせないものだ。そしてその後、海女を引退したことで自由の身となり、アキが東京に行ってからも陰ながらアキを支える安部ちゃんは、やはり「影武者」のような存在でい続ける。

余談ではあるが、本放送から3年後の2016年、件の片桐はいりは、巨大不明生物が突然海から日本に上陸し人々を恐怖に陥れる特撮映画『シン・ゴジラ』（総監督：庵野秀明）でも、やや似た印象の役柄を演じている。主要人物たちが不眠不休で働いているとき、お茶を煎れるなど庶務的な仕事を担う役で片桐はいりは登場し、「頼んでもないのに黙々とやれることをやって、家庭があるだろうから帰っていいですよと言っても帰らず、あるいは帰ってもまた早朝に手料理をもって出勤してくれたりしています。マジ、感動ですよ」

（志村役の高良健吾の台詞）と感謝される場面で、この役もまた「影武者」のようだと感慨深く思った『あまちゃん』ファンも多いのではないか。

そして気づいたことが、もうひとつある。『あまちゃん』で描かれた安部ちゃん（影武者）には、あの東日本大震災の際、災害と必死で向き合い、良い方向に物事を進めようと闘った多くの名もなき人たちの姿が投影されているということだ。それはまるで、吉本浩二の『さんてつ　日本鉄道旅行地図帳　三陸鉄道　大震災の記録』（新潮社）という漫画で描かれた、震災からわずか5日で三陸鉄道の一部運転再開を果たした人々のようではないかと。それこそ、このさんてつのエピソードは『あまちゃん』のなかでも後半、印象的に描かれている。

ややもすれば声が大きくて目立つ、「光」のような人ばかりが評価されがちな中で、「影武者」とは人としての基本であると、『あまちゃん』はそうささやきかけるのだ。

光になったり影になったり

強い母の影に隠れてぱっとしない存在だったアキが、北三陸で海女という天職に出会い、ユイという親友と出会い、自我に目覚めていく。それと並行して、無敵かと思われた母・春子の闇の部分が見えてくる。春子は意外と歌がうまいのだが、20年以上前のヒット曲『潮騒のメモリー』（ドラマのオリジナル）に対して何かこだわりをもっているようで……。それが関係するのかしないのか、春子は離婚して東京での過去を切り捨てようとする。

そしてもうひとり、北三陸のアイドル・ユイまでもが、アキが輝きを増すにつれて光を失っていく。ユイは、アキが来るまで常に一番だった自分の存在が揺らぐことを悔しく思い、アキが恋する種市先輩（福士蒼汰）とこっそりつきあってしまう。

やがてふたりは、みごとに、光になったり影になったりしてバランスをとりながら、地元のアイドルユニット「潮騒のメモリーズ」として、北鉄開通25周年記念お座敷列車のライブで最高に輝き、その勢いのまま、地味な田舎にちょっと洒落た「海女カフェ」までつくってしまう。

こうして、アキはもうすっかり母の影ではなくなる。むしろ、母の嫌いだった故郷（寂れた田舎）を変えてしまう。つまり、闇に光を当てる役割を果たすのだ。

一方のユイは、東京からお忍びでやってきたスカウトマン水口（松田龍平）に、「東京でアイドルにならないか」と持ちかけられてアキと上京しようとするも、ユイの家庭にゴタゴタが起こり、ひとり取り残されてしまう悲運に見舞われる。ユイにとって、北三陸は影で、東京が光に満ちた世界。だから、「こんな影の世界で終わりたくない」とばかりに、もがきにもがくのだが、どういうわけかユイは影の世界から抜け出せない。まるで影に取り憑かれたかのように……。

アキとユイが駅で別れる場面では、白いブラウスを着ているアキに対して、ユイは黒を基調とした服（ブラウスとタイツ）を着ており、まるでふたりの運命を示唆しているかのように見える。だが、ユイのブラウスは黒（紺？）に白い水玉で、完全に闇には落ちていないことも想起させる。このように、スタッフの力によって画面の隅々に物語を解くヒントがひそかに仕込まれていたことが、『あまちゃん』の魅力のひとつでもあった。

アイドル業界の裏側

いわゆる「影武者」の色合いが濃くなってくるのは、ドラマの前半「故郷編」（第１〜72話）を終えて「東京編」（第73〜１５６話）になってからだ。ユイとの再会を約束し、トンネルをくぐりぬけ、ひとり東京（そこは光の世界なのか？）にやってきたアキ。そこでＧＭＴ47というユニットの一員としてアイドル活動をはじめることになった彼女を待ち受けていたのは、アイドル「アメ横女学園」の「シャドウ」（二軍の代打）という役割だった。要するに「影武者」である。

もともと、ＧＭＴのセンター候補はユイのほうだった。ところが、そのユイが上京できなかったために、アキの存在は無残にも「なまってるほう」扱い。北三陸ではあんなに輝けたにもかかわらず、東京では華やかなアイドル界の片隅で代役に甘んじるしかないアキ。活動場は事務所の奈落。憧れていたキラキラの世界とはまったく違っていた。

アキはそこで、敏腕プロデューサー・太巻こと荒巻（古田新太）と、『潮騒のメモリー』を歌っていた女優・鈴鹿ひろ美（薬師丸ひろ子）に出会う。このふたりが、じつは母・春子と因縁ある人物であり、これでついに〝役者は揃った〟というところで、ドラマは大きな物語に向かって突き進んでいく。

『あまちゃん』が放送された２０１３年は、前田敦子と大島優子の2トップが凌ぎを削ってＡＫＢブームを盛り上げ（２０１１年）、前田敦子が卒業する（２０１２年）という、まさに空前のアイドルブームが沸点に到達した直後のことである。そんな世相も相まって、地下アイドル、グループアイドル、80年代のアイドルブーム、影武者……とアイドル業界の裏側を描いた『あまちゃん』は、アイドルファンの心も激しくくすぐった。

さて、ドラマ時間で月日は２０１０年になり、都会での厳しい現実に打ちのめされたアキが北三陸に戻ると、すっかり影の存在と化していた春子とユイは、地元の言葉をしゃべり、服装もマイルドヤンキーふうに様変わりしていた。

ここで着目したいのは、ふたりがそろいもそろって、さほど好きでもない地元の手近な男となんとなくつきあっていたことだ。そこには、夢も希望もロマンも何もない。生きるために男に養ってもらっているという悲劇でもなく、ただただ即物的かつ動物的な欲望だけが横たわっていた。山内マリコの小説『ここは退屈迎えに来て』（幻冬舎）で描かれていた、けだるい絶望に似ている。同じ朝ドラでも、渡辺あやの脚本『カーネーション』で主人公・小原糸子（尾野真千子）の不倫相手の周防龍一（綾野剛）には王子様的なロマンチックさが残っていたが（第10章参照）、宮藤官九郎はそれをばっさり切り捨てた。それが男性作家と女性作家の違いかもしれない。

トラウマと対峙

ここからいよいよ、春子の過去が明らかになっていく。それこそが「影武者」としての黒歴史だった。

高校生の春子はアイドルを目指していて、思い切って東京に出てきたものの、チャンスを生かせなかった。なまじ歌の実力があったため、当時若手スカウトマンだった太巻に頼まれ、歌の下手な鈴鹿ひろ美の代わりに歌うという「影武者」に甘んじてしまう。青春の挫折を機に結婚し、アキを出産した。だが、「失うものがあれば、得るものもある」といった教訓めいた話で物語は終わらない。春子は挫折のトラウマときちんと向き合い、最終的にはうまく昇華させているのだ。

春子は再び上京し、アキを所属させる個人事務所を立ち上げると、社長に就く。影武者として自己実現できなかった春子と、ヒット作が自分の力でなく影武者によるものだったことを25年近く黙してきたひろ美——そんな大人たちの葛藤を、多感な主人公は間近で見つめるしかなかった。

ドラマの盛り上がりは、東日本大震災で被害を受けた北三陸を再生しようとアキが東京から戻ってきて、海女カフェをつくりなおし、そこで鈴鹿ひろ美がリサイタルを開くというもの。歌が下手で挫折し、女優の道を選んだ彼女が、被災地でできることはないかと考えたとき、地域をまわり自分で歌いたいと思う。

「下手でもいい、不完全でもいい、自分の声で歌って笑顔を届けたい」

いよいよチャリティーリサイタル。そこには、「影武者を用意している」という太巻の姿が。影武者は当然、春子だ。しかし鈴鹿は結局最後まで、自分の声で堂々と歌い上げる。そして、その一部始終を、過去の亡霊のように、25年前の春子（有村架《か》純《すみ》）が見つめ、成仏するかのように涙を流して微笑むシーンは、『あまちゃん』の中でも出色のシーンである。

この春子の若い頃を演じた有村架純も、現実の世界では、光と影を体験している。彼女は『あまちゃん』のヒロインオーディションを受けている。残念ながら、アキ役は逃したが、若い頃の春子役をやることになった。〈正直、最初に話をいただいたときは、「回想シーンだから、ちょっとしか出られないのかな……」と、想像していました。そうしたら、ちょっとどころじゃなく（以下略）〉と『あまちゃんメモリーズ 文藝春秋×PLANETS』（文藝春秋）のインタビューに答えている。

彼女が思う春子は、〈アイドルの夢が叶わなくて、いつも苦しい、悲しい、辛いという気持ちを抱えて〉いた。地元にいるときは苛立ち、東京では塞いだ顔をしていた。そのまま大人になってからも、彼女はずっと仏頂面だ。有村や小泉の演技からは、せっかくの華が活かせていない感じが伝わってきた。

それが、クライマックスで鈴鹿が自力でようやく歌えると、今後影武者としての役割を担わずに済む――そんな安堵感からか、春子の表情は憑き物が落ちたようにキラキラしていた。この当時朝ドラのヒロインになれず、アイドルになれなかった女の子の役を演じた有村架純は、その後、さまざまなドラマや映画に出演して力をつけ、人気を獲得し、2017年、『ひよっこ』で、ついに朝ドラのヒロインとして光を浴びるのだ。

影武者からの解放

ずっと影武者として苦しんできた春子だったが、他人の声で歌がヒットしてしまった鈴鹿のほうこそ、20年以上、自分で歌っていないという秘密とコンプレックスに苛まれ、苦しかったのではないかという思いに至る。いまや女優として名声を得ているからこそ、のどに小骨が刺さって取れないまま20年以上というのも、なかなか苦しいものだ。

このように、『あまちゃん』は、光と影の役割を役柄によって固定することなく、光の時期もあれば影の時期もあるというように、入れ替え続けてきた。鈴鹿と春子も、スターと影武者という役割だけではなく、お互いが光を当て合い、影になったり光になったりし合っているように描かれた。

最後に残るのは、ユイだ。ユイは、ずっと北三陸から出られない。東日本大震災の日に、乗っていた電車がトンネルをくぐろうとしたその時、地震が起こるという脚本はなんとも過酷である。トンネルの先にあるはずの風景がなくなってしまったところを目の当たりにしたユイの虚無は、何度見ても胸が詰まる。

ユイの役割はドラマの中では王道だ。ドラマには主人公と対照的に描かれる人物が必ず登場する。主人公の不幸を強調するためには、親友や姉妹の幸福を描き、反対に主人公の幸福を強調するには、親友や姉妹が不幸になる。

『おしん』ではおしんの奉公先の加代が最初は燦然と輝き、おしんの初恋の相手と駆け落ちするが、やがて家が没落し、娼婦に身を落としたまま亡くなる。『カーネーション』では、糸子のご近所さん・奈津（栗山千明）が戦争で家が没落し、パンパンとなる。朝ドラではこのパターンが多く、『あさが来た』でも、あさの姉・はつ（宮﨑あおい）の嫁ぎ先が没落し、貧しい生活を余儀なくされる。二項対立からかろうじて逃れているのが『おひさま』で、主人公の親友はふたり。3人という関係性がバランスを変えていた。

ワンパターンを避けるためか、朝ドラには祖母と孫、母と娘といったダブルヒロイン体制の作品も時々登場するが、そのなかでも、大石静は1996年の第55作『ふたりっ子』で野田麗子・香子《きょうこ》という双子をヒロインに据え、まるっきり違う性格と人生をふた通り描くことで、いわゆる従来イメージからの脱却に成功した。香子（岩崎ひろみ）は、愛する男よりも将棋の道を優先し、麗子（菊池麻衣子）は理髪店のおかみさん（天下茶屋のおかあちゃん）になる。

こうした例外もあるとはいえ、朝ドラにはほぼ一貫して、ヒロインとは対照的な役柄＝ある種の〝影武者〟が存在してきた。『あまちゃん』ではユイということになる。だが、さきほど、ユイが次々と不幸を背負うのは「ドラマの王道」と書いたものの、じつは本来、ヒロインが引き受けるべき試練ではないか。アキがピュアに描かれている分、ノイズやダークな面をユイが一身に背負うのならまだしも、過酷な試練までをもすべて引き受けているので、ユイがヒロインなのではないかとすら思えてきてしまう（ただ、俳優としては面白い役だと思う）。

「神様は、耐えられない試練は与えない」とはよく言ったもので、ユイは過酷な試練を見事に乗り越える。これもまた、朝ドラのヒロインのようだ。地元から出られなかったことを逆手にとり、地元でしか会えないアイドルとして生きていく覚悟を決めたのだ。

そのとき、ユイからは「影武者」という定義が消失し、あるのは「本物」のみ。こうして『あまちゃん』は、ヒロインの影武者のまま終わってしまいがちなキャラクターにも光を当てることに成功した。影武者からの解放である。

あまり成長せず、母や周囲の人間たちの劇的なドラマを見続けていたアキが主人公の面目躍如だったのは、この時だ。彼女は「影武者」になりそうな人物を光の世界へと救い出す。振り返れば、アキは、ウニをとるときに影武者の力を借りることを良しとしていなかった。その時の思いをずっと忘れずに持ち続けていたアキは、こうして彼女自身の心の中の居心地の悪さを払拭するのだ。

『あまちゃん』の最終回、ラストシーンは、ふたりがトンネルを軽やかに走り抜けていく姿（シルエット！）から、灯台の下に立つロングショットで終わるという、アキとユイ、ふたりの物語になっていた。それを観ると、影武者とは誰かを支える存在であり、人は、それぞれがそれぞれの影武者になったり、なってもらったり、支え合って生きていくものなのだと感じる。あたかも「人」という字が支え合ってできているように。

アキとユイ、ふたりの物語としたけれど、『あまちゃん』にはとても多くの女性が出てきて、全員魅力的だった。鈴鹿と春子は、二組めのヒロインのようであるし、夏ばっぱの生き方もかっこいい（アキの言葉でいうと「かっけー」）し、海女クラブの女性たちもみな強烈な個性を発揮していて、いわゆる世間が考える母、妻、恋人……それらの定義に単純に当てはめることはできない。海女クラブの美寿々は恋多き女で、海外に逃避行した経験もあり、一時期水口との関係も匂わせていて、バングラデシュ人とつきあっているエピソードもあった。長内夫妻（でんでん、木野花）は結婚と離婚を繰り返して内縁関係である。

このように人物設定のディテールに凝るとともに、一人一人の生き方を尊重し、多様性をもたせていた。それこそが宮藤官九郎の他の書き手よりもすぐれた資質であり、真骨頂なのだろう。決して「これが女の生きる道」と強調することもない。だからこそ、『あまちゃん』は朝ドラの歴史に新しい風を吹き込み、多くの新しい視聴者を摑んだ。

第12章

朝ドラはこうしてつくられる

制作者インタビュー①
脚本家・岡田惠和
（『ちゅらさん』『おひさま』『ひよっこ』）

2001年にアメリカ同時多発テロが起きたときの朝ドラは、第64作『ちゅらさん』だった。朝ドラとしてははじめて沖縄を舞台にしたこの作品は、パート2〜4と続編が3作もつくられるほどの人気作となり、劇中登場したゴーヤーマンというキャラクターもグッズ販売されて話題を呼んだ。

スタッフを見ると、演出には、遠藤理史（2014年にNHKのドラマ番組部部長に就任）、大友啓史（2011年にNHKを退局後、映画監督となって『るろうに剣心』〈2012年、14年〉などのヒット作を生み出す）、髙橋練（『まれ』〈2015年〉の制作統括を担当）、堀切園健太郎（『外事警察』〈2009年〉、『ロング・グッドバイ』〈2014年〉、『スニッファー 嗅覚捜査官』〈2016年〉などで独特の映像美を見せる）、渡辺一貴（大河ドラマ『おんな城主 直虎』〈2017年〉でメイン演出を担当）など、錚々たるメンバーの名前が並ぶ。まさに、〝連続テレビ小説放送40周年記念作〟の名にふさわしい陣営といえるだろう。

沖縄が本土に復帰した1972年、『ちゅらさん』の主人公・えりぃこと古波蔵《こはぐら》恵里（国仲涼子）は、八重山諸島の小浜島に生まれた。高校卒業後に上京し看護婦としてはたらくうち、少女時代に結婚の約束をしていた文也（小橋賢児）と偶然再会して結婚。その後、情緒不安定な息子・和也（鈴木翔吾）のために故郷に戻ると、そこで地域の保健室のような医療の場をつくって子育てと仕事を両立させた――というのが、おおまかな流れである。脚本家の岡田惠和は、こうしたストーリーの背景について、次のように語っている。

〈まだ女性が社会進出しきれない時代の朝ドラには、社会へ羽ばたくヒロインをみんなで応援したいというムードがあったと思うんですが、今はもうそれだけではドリームになる時代ではなくなってきた。さらに、朝ドラをリアルタイムで観ている女性と、社会進出でバリバリがんばるヒロインの乖離も生じてきました。そんななかで、僕の先輩たちも〝リアルなヒロイン〟を模索していったところがあると思います〉

(『連続テレビ小説読本』洋泉社)

たしかに、ヒロインの恵里はごくごく普通の女の子だった。また、恵里が生まれ育った実家は、「命《ぬち》どぅ宝《たから》」(このドラマのテーマであり、最終週のタイトルにもなった)という言葉を恵里に教えた祖母ハナ(平良とみ)を中心とする大家族が形成されていたためか、彼女は東京に出た後も、出会った個性豊かな人たちと疑似家族のような関係性を紡いでいく。こうしたファミリー感(共同体)、愛する人との結婚、出産・子育て、夫婦で地域医療という仕事に従事……といった、朝ドラに期待されているすべてがまんべんなく取り込まれていたのが、『ちゅらさん』だった。

最終回、恵里のまわりには非常にたくさんの笑い声が発される。身内も知り合いも、たくさん集まって、弟役の山田孝之の歌を楽しむ展開は、多幸感に満ちあふれていた。『ちゅらさん』は父役の堺正章が奏でる三線《さんしん》をはじめとして、音楽もいいアクセントになっているのだが、あくまでも、日常のなかで自然に歌って踊るものになっていた。ロック好きな岡田のセンスが遺憾なく発揮され、音楽が日常に絡み合いながら物語が進んでいく、その心地よさも人気の要因のひとつだったに違いない。

2001年にこの秀作を生み出した後、岡田は、第84作『おひさま』(2011年)、第96作『ひよっこ』(2017年)と計3本も脚本を担当している。21世紀に入って以降、これほど朝ドラに携わっている脚本家はいない。

はたして、彼は朝ドラをどのように捉え、何を視聴者に伝えようとしているのか。知られざる制作の舞台裏を聞いた。

なぜ「沖縄」「長野」「茨城」?

――3回目の朝ドラにチャレンジというのは偉業ですよね。

岡田　いや、橋田壽賀子先生は4回やられていて、そのうち2回は1年ものですから、通常の朝ドラでいったら6回分ですよ。さらに大河ドラマも3回やっていらっしゃいますから。僕がその域に近づけるとしたら、130歳ぐらいまで生きないといけない気がします（笑）。

――橋田先生は別格として、それでもすごいと思います。

岡田　僕は基本的には朝ドラが好きなんですよ。

――朝ドラのスタイルが性に合うということですか。

岡田　ひとつには、同じ人物たちのことを長く描けるのは、朝ドラだけだと思います。たとえば、連ドラで、続編、続々編というのも稀にありますが、まず一度、終わらせないとならない。朝ドラにはそういうことがなく、登場人物の日常を半年間書けます。大河ドラマも長いという点では同じですが、〝大河〟というくらいですから時代の変革など大きくて派手な出来事の渦中に主人公がいないといけない。それに比べたら、朝ドラはごく普通の人間の生活という、地味な素材が長く書ける。僕はそれがすごく好きで、向いていると自分では思っています。

――岡田さんは、人と人との関係性を会話で描きながら、お話を間断なく繋げていくので、そういう意味では確かに合っていますね。

岡田　たいていのドラマは、何人かのひとたちが集まってわちゃわちゃ喋っている場面が

10分ぐらい続くと、ちょっと長いっすね……となるけれど、朝ドラは大丈夫なんで（笑）。

――大丈夫なんですか。

岡田　もちろん、それが面白ければですが（笑）。『ちゅらさん』のとき、15分ワンシーンでも面白ければいいよって、そういう実験的なことを楽しんでくれるスタッフに出会えたのが幸いだったのでしょう。むしろ、なんと撮影効率のいい、ありがたい話でしょうと受け止めてくれた（笑）。本来、朝ドラの撮影条件は厳しいんですよ。基本、伝統的なスタジオドラマですから、カーチェイスや登場人物が都内を走り回るようなことはほぼできない。常に、人が落ち着いている場所、つまり屋内で行われることを書くのですが、僕はそれ嫌いじゃないんで。

――むしろ得意であると（笑）。

岡田　だから、朝ドラを書ける作家さんはたくさんいるとは思うけれど、僕はやれるものなら何度でもやりたいとは思っていて、前々からNHKさんにもそう言っていたんですよ。以前、ドラマ10『さよなら私』（2014年）というドラマをやったときに、プロデューサー（菓子浩）やディレクター（黒崎博、田中正）とすごくいい空気でやれたので、今回まったく同じチームでやりたいということも言っていて、そのタイミングが合ったのが、2017年の4月期だったんです。

――以前、岡田さんがあるインタビューで、『ちゅらさん』のときに「あまり難しいことを言わないタイプのプロデューサーとやらせてくださいとお願いして」と発言されていて。作家がスタッフを決めることができるんだ、というのが印象的だったんです。

岡田　朝ドラと大河は本来、制作部の上のポジションの人が座組を考えるんですよ。『ちゅらさん』のときは、まず、その上層部の方から、「沖縄のドラマを」と言われて、僕のルーツが沖縄だったのでうれしかった一方、深刻な問題も抱えた地域だから、あえてそういう場所でコメディがつくれるようなスタッフとやりたいとリクエストしました。

――最初に「沖縄を題材に」と言われたときは、社会問題に関して書いてほしいという要望があったのですか？

岡田　いや、そこまではなかったです。あのときは、はじめて沖縄を舞台に朝ドラをやることが第一でした。ちょうど沖縄サミット（2000年）がある時期だったんですよね。でも、沖縄を舞台にした朝ドラをつくるとしたら、東京制作なのか大阪制作なのか、その線引きもわからない状態でした。まあ、ふつうに考えたら大阪なんだけど。

――西ですもんね。

岡田　でも、東京でやりたいっていうのがあったんですよ。

――東京制作だから、沖縄から東京へ行く話になったのですか。

岡田　そうです。大阪制作だったら大阪に行ったでしょうね。でもそれだと全然ふつうなんですよ。最近はわからないけれど、昔は、沖縄からだったら関西圏に出る人のほうが多かったので。

――沖縄と東京も行き来しやすいということが描けたのも良かったわけですね。

岡田　そうですよね。

――それよりなにより、日常を楽しく過ごしている人たちを描くことが大事だった。

岡田　その頃、沖縄をドラマでやるといったら、背負っているものについて突っ込んでいくか、さもなければ、海がきれいな観光地という、その両極端しかなかった。そこへ朝ドラで何か描くとしたら、家族性や人間性に焦点を当てるだろうと考えたところに、『ナビィの恋』（1999年／監督：中江裕司／主演は『ちゅらさん』のヒロインの祖母・ハナ役の平良とみ）という映画を観て、そうか、こういうことなんだよなと思えたのがきっかけで、『ちゅらさん』は始まりました。

――そうやって沖縄の楽しい家族を描いた後、2回目の朝ドラ『おひさま』では戦争をしっかり描いていましたね。

岡田　朝ドラの場合、最初にふたつ、地域と時代を決めるんです。ヒロインが沖縄返還の日に生まれた『ちゅらさん』は、ある種の現代劇でした。朝ドラというと、まず時代物の印象がありますよね。でも、それまで僕は、現代劇ではない作品をただの一度も書いたことがなかったんですよ（笑）。もちろん時代劇もないし、戦中戦後の話もない。だから『おひさま』でもう一回、朝ドラをやるにあたって、一度、時代物に挑戦してみようと思ったんです。場所を長野に決めたのは、沖縄が母のルーツだとしたら、長野は父のルーツだったから。しかも、偶然にもうちの奥さんのほうのルーツも長野なんですよ（笑）。

——まずは自分の身近なところから書いていきたい？

岡田　親近感の湧く場所のほうが書きやすい気がしたんです。縁もゆかりもなく行ったこともないところを舞台にした場合、まずそこを好きになっていくところからはじめないと脚本は書けないから、それよりはやっぱりなんらかの思い入れがあるところからはじめるのがいいように思いますね。

——3回目の『ひよっこ』の茨城にも、ゆかりがあるんですか。

岡田　茨城にゆかりはないですが、親しみはありましたよ。けっこう行くことがあるんですよ。たとえば、先日、袋田の滝（久慈郡大子町）というところへ行きました。今回、舞台を茨城に決めるにあたって、東北や日本海側の地域の可能性もあったのですが、北関東ってちょっと日本のエアーポケットのようなところがあって、東京の人のなかには茨城と群馬と栃木の詳細がわからない人もいるから、そんな茨城を盛り上げたいという気持ちがありました。これまで、沖縄と長野の安曇野を描いたことで地元の人たちに喜んでいただけたので、そういうことがまたできればと。

ノスタルジーと嘘

――茨城というと水戸とかつくばが思い浮かびます。もっといくと福島につながってますね。

岡田　今回設定した時代の茨城は、まだ交通の便も全然よくなくて、東京が遠い世界なんですよ。

――時代を東京オリンピックの年にしたのはなぜですか？

岡田　戦前戦中戦後すぐの時代は一度やったので、今度は、現代ではないが、自分の記憶にある時代を書きたいと思いました。ヒロインにはちっちゃい弟と妹がいて、僕はその子たちとだいたい同世代になるんです。僕は東京オリンピックのときに5歳ぐらいでした。だから、やがてヒロインが上京する東京について、SF的な時代物という感覚ではなく、多少なりとも実感があります。最初、プロデューサーに、昭和40年頃の、高度成長期にちょっと陰りが出てきたあたりを書きたいと提案したら、じゃあ東京オリンピックの年からはじめましょうとなりました。NHKとしては、東京オリンピックものをやるには、もう

1年ぐらいあとがよかったんじゃないかと思ったけれど（笑）。2019年に宮藤官九郎さんで大河ドラマ『いだてん～東京オリムピック噺《ばなし》～』があるしね。もっとも、『ひよっこ』は、オリンピックの年の話ではありますが、オリンピックは全然出てきません。

——出てこないんですか？

岡田　ええ。その頃、主人公は茨城にいるんで（笑）。その時代から、東京は一極集中が始まって人口が1000万人超えていきますが、茨城の人はその発展の様子をテレビで見ていただけなんですよね。じつは当時は、いまの地域格差みたいなものが決定的になっていった時代でもあるんですよ。東京オリンピックのための土地開発で、東京への出稼ぎや集団就職が増えていくなかで、ヒロインの父親も出稼ぎに行って建築現場で働きます。それによって光り輝くばかりの時代じゃなかったことが描けます。どうしても高度経済成長期や戦後復興時代をやると、ノスタルジックに、あの頃はよかった、人が温かかった、みたいな世界が好まれるけれど、僕は昭和をそういうふうにはまったく思っていないんです（笑）。

——実感として、あの頃は必ずしもいいことばかりじゃなかったと。

岡田　あの頃はみんな温かくて、みんなが前を向いていて、みたいなことは幻想でしかない。本当はいまよりひどかったことがいっぱいあるんです。それこそいまでいう格差も、いまとは違う形でもっとすごかったと思うし、だから、そういうことを省いて、ただノスタルジックに描くつもりはないです。

――となると、朝からちょっとひりひりとしたものを感じさせるものになりそうですか。

岡田　いや、そんなにつらい話ばかりにはならないですけれど（笑）。基本的には、東京では祭りが行われていたけれど、日本中がそうだったわけじゃないということは描きたいですね。

――以前、戦争や震災のことを観たくない視聴者がいるから描き方に注意しないといけないという話を聞いたことがありまして。どこまで書いて良くてどこからがいけないという明確なきまりが、朝ドラの場合あるんですか。

岡田　ないんじゃないですかねぇ。時代の陰も描きたいとはいえ、さすがに僕も、朝ドラで『蟹工船』みたいなものを書きたいとは思ってないですし。なんとなく時間帯の意識はあって、トーンを明るくしたい気持ちは理解できます。かといって、みんながハッピーですみたいなことは、やっぱり嘘になるとは思います。

――『てるてる家族』（２００３年）を書いた大森寿美男さんに取材したら、幼なじみと結婚する、みたいなパターンはそれとなくあると伺ったのですが、岡田さんは『おひさま』でそれをやらなかったですよね。

岡田　書くこと書かないことにはなんとなく決まったパターンがあるのかもしれませんが、それを踏襲するかしないかは、それぞれの考え方だと思いますね。たとえば、僕の書いた『ひよっこ』のプロットは、茨城の農家に生まれたヒロインが、父親が出稼ぎに行ったきり行方不明になってしまったため、集団就職して上京する。トランジスタラジオを作っている工場に入るがそこも倒産して……と、それだけ読むとすごく負のイメージ（笑）。でも、とくになにも言われなかったですよ。

――岡田さんならそれを暗くなり過ぎずに描いてくれるという信頼感かもしれないですけれど、いまお話を伺うと、結局主人公のお父さんがちょっとダメな人っていうパターンは見えますね。そうでないと主人公ががんばる話にならないんだなと思いながら、毎度毎度、朝ドラを拝見しているんですよ。『おひさま』の父親はしっかりしていましたね（筆者注：放送後、『ひよっこ』のお父さんはダメ父でなく、家族思いの働き者であったことが判明）。

岡田　たぶん、女性を主人公にすると自然と母性みたいなことを描くことになっていき、となると主人公の母親の存在もまた大きくなる。『ひよっこ』は、あえて、朝ドラによくある子役時代はつくらなかったのですが、基本、子役時代をやるとしたら、母と父と娘のドラマよりは、母と娘のドラマのほうが、朝ドラっぽいのではないかな？　でもそれは僕の思い込みで、基本、自由でいいと思うんですよ。

——自由でいいんですね。私は『まれ』（２０１５年）から毎日朝ドラレビューを書いているので、ある瞬間、内容が定型に入るのを感じることがあるんです。やらなきゃならないのか、ついなぞってしまうのか、気になっていて。大森寿美男さんがおっしゃる、幼なじみとの恋とライバルっていうのは確かにありますし、お父さんがダメ人間というのもよくあります。最近だと、ヒロインが空気を読まず無鉄砲でまわりが迷惑するパターンも。似ていることを否定するわけではなく、そういう類似はちょっと面白いなあと思っています。

岡田　どうしても、過去の成功例みたいなことは無意識にでも意識することはあるかもしれないし、または、作家として、多くの人にフィットする描写を選択することはある気がします。どうしたら共感されるか、もしくは、共感されないものは何かと考えたとき、たとえば、好き勝手やる父親は日本社会でぎりぎり許容されるけれども、好き勝手にいなくなる母親はたぶんまだ許容の外にありそうです。『ふたりっ子』（１９９６年）のお父さんもひどい人だったけれど（憧れの歌手を追って家を出てしまう）、あれはお父さんだから許容されるのであって、お母さんがやっていたら、たぶん観ている人は許してくれなかったと思う。また、描く時代との関係もありますよね。平成のいまだったら好き勝手やるお母さんも増えているかもしれないけれど、昭和だとまだ多くは存在していないとか。２０１７年現在の20歳の女の子と昭和の時代の20歳の女の子ではぜんぜん違ってきます。とりあえず、『ひよっこ』には幼なじみの好きな人は出てきません（笑）。

――あと、たいてい、主人公と真逆なタイプの女の人がライバル的に出てきますね。

岡田　それはありますね、友達でね。

――『ちゅらさん』では菅野美穂さんがやっていました。作劇として、ヒロインを相対化することは必要なんでしょうか。

岡田　そうでしょうね。あまり意識はしてないですが、『ひよっこ』も、親友はいるけど、いわゆるライバル関係にはならないです。友達のほうが、ちょっとだけ家庭が裕福だったりするけれど。友達が３人そろって集団就職で上京するので、貧しい子とお嬢さまみたいな対比はないですね（笑）。

玉音放送をどう描くか

――『おひさま』もそうですけれど、岡田さんが書く朝ドラはちょっと違うものになっていくのかなあと思います。朝ドラは『べっぴんさん』（２０１６年）で95作めで、それだけやれば重なってしまう部分はどうしたって出てきますよね。大変ですよね、誰だって「同じだ」って言われてうれしいわけがないし。

岡田　まあそうですね。それとね、ほんとに、たとえば、『ひよっこ』の企画をはじめたとき、放送前の『とと姉ちゃん』（2016年）の情報は同じ局であるにもかかわらず、ほとんど得られなかったんですよ。朝ドラや大河は正式に発表する前の機密管理がとても厳しくて、ほんとに誰も教えてくれないんです（笑）。だから『べっぴんさん』と『とと姉ちゃん』の時代設定が似ちゃったのもしょうがないことなんじゃないかな（笑）。

――設定や題材がかぶってしまうという件で、『おひさま』で描かれた太平洋戦争はそれこそ、何度となく朝ドラで描かれています。『おひさま』では、そのままリアルタイムとしてその時代を描かず、現代人（斉藤由貴）が、年配になった主人公（若尾文子。若い時は井上真央）と出会って、過去を回想していく形を取られたのは、やっぱりちょっと違うやり方をしたかったからですか？

岡田　まず、戦前から戦中戦後のドラマを描くときに、その時代を経て現在、ヒロインが幸せであることを了解事項としておきたいと思っていました。朝ドラとしては構成が複雑で、本編に斉藤由貴さんの物語がときどき入ってくるところが難しい部分もあったのですが、それによって、どんなことがあっても安心感をもたらしたかった。ヒロインが最終回まで死なないなんて当たり前だけれど（笑）、でも、そうとわかっていてもつらい目にあうと悲しくなるから、あらかじめ将来を書くことで、けっこう素敵なおばあさんになっているんだと先回りして思えるといいかなと。しかも、それを若尾文子さんがやってくださるということだったので、これはもうナレーションもふくめて本気で取り組みました。ただ、ちょっとスクエアではあったかなというふうには思っています。それと、中盤を書いているときに、東日本大震災があったので、プランが大きく変わったわけではないけれど、どこか心理的な影響はありました。

――当日、NHKのスタジオが揺れて大変だったそうですね。

岡田　高良健吾君の初日の撮影の日で、一言も台詞をしゃべらないままその日は撮影が中止になってしまったんですよね。あの頃、東京を離れる人も多いような空気の中で、撮影は続けられるのかと心配もしましたし、やれたとしても、あの空気のなか、ちょうど終戦の頃、人がたくさん亡くなっていく話を書いていたときで、いま、これ以上つらい話は観たくないだろうと書くことに迷いが生じました。それはたぶん、つくり手みんなの思いで、あのとき、誰もが平和なものをつくりたい気持ちになったと思います。後半はすごくのどかなものになっていったのは確実に震災の影響ですよね。安曇野ロケに行けない状態になったので、実際、変更もありました。

――時代の空気として平和なものを求めはじめて、リアルな地震や戦争のシーンを入れないほうに気を使うようになっていく。それこそ、（岡田さんが脚本を書いた）『泣くな、はらちゃん』（2013年／日本テレビ）の河野英裕プロデューサーのインタビューをしたとき、D

VDでは戦争の場面がカットされたと伺いました。

岡田 そう、差し替えられましたね。テレビのように直接的なメディアは、つくり手の意図していないほうに視聴者が解釈してしまうこともあるので、避けるようになってしまうんですかね。

——そうやって描かないようにすると今度は描写がぬるいという視聴者もいるから大変だなと思います。

岡田 そうそう、必ず書くことといえば、『おひさま』で、戦争を描く朝ドラをやる作家が必ず一回は通る、〝玉音放送〟がありますね。

——必ず通る道なんですね。

岡田 あの時代を書くとね。そここそ作家性が問われるところだと思いますよ。起きることは決まっているわけで、それを主人公なり周囲がどう受け止めるのか、どういうシーンになるのかで、その時代を書くときの作家のありようみたいなものが試されるんじゃないかなと思います。

——確かにみなさん、違いますね。

岡田 『おひさま』では、主人公はあんまりのショックに寝込みましたが、『カーネーション』の描写はすごく素敵だったなあと思いました。ヒロインのキャラクターに合った受け止め方ですよね。

――男性は……と、まとめてはいけないのですが、たいてい悔しそうにしていますね。『おひさま』や『とと姉ちゃん』などはそうでした。『おしん』（１９８３年）では主人公の夫が自殺してしまいます。

岡田　そう、女の人は、何があってもその日の昼飯をつくらなきゃいけない、みたいなことがある。じゃあこれからの生活はどうなるの？　という切り替えはやっぱり女性のほうが早い気がします。たぶん男の人のほうが、根底から否定されちゃう感じがあって、どうなるんだろうっていう恐怖のほうが強いのかもしれない。もっとも、ほんとのことはわかんないですよね。

――男の人だって、糸子（『カーネーション』）や常子（『とと姉ちゃん』）のように感じた人もきっといますよね。

岡田　だから言っただろうって思っている人もいるかもしれない。それはたぶん、ほんと人それぞれ、状況次第だと思いますね。おそらく、山田太一さんのような、実際に戦争を経験されている世代の描き方と、戦争を知らない世代の描き方は違うでしょう。ちなみに、戦後の暮らしに関して、戦争を知らない作家たちは皆、暮しの手帖社の『戦争中の暮しの記録』を参考にしていると思いますよ。

――『とと姉ちゃん』にモチーフとして登場した……。

岡田　僕も読みました。あれは充実した資料ですよね。

――何を描くにしても、最近はＳＮＳですぐに反応があるから大変ですよね。『ひよっこ』は岡田さんにとって、ツイッターとドラマの連動が盛り上がり、切り離せなくなってから初の朝ドラになりますよね。『最後から二番目の恋』（２０１２年、続編14年／フジテレビ）なんかもツイッターで盛り上がりましたけれど、朝ドラでは初めてなので。

岡田　そう、まじこわいっすよ（笑）。だから、ここのところの自分が書いたドラマが放送されているときの反応は見ないです（笑）。

――こういう時代だからこそ自主規制は増えますか？

岡田　自分も含め、つくり手たちの「つっこまれたくない」という空気は、どの現場に行っても感じます。書いたらどういうことが返ってくるか想定できると、そこは避けたいみたいなことが、共通の心理としてあるんじゃないですかね。でも、もう、なんか、そういうふうにレスポンスの方法が変わっていくことに対して、逃げていてもしょうがないですからね……。

――すばらしい覚悟ですね。

岡田　といって、対策はなんにもしてないですけど、一度開いた蓋が閉じることはないと思うので。過去を懐かしく思っても仕方ない。ドラマの脚本を書き始めた頃は、テレビ局宛にわざわざ手紙を書く人なんて、ほんとに少なかったから、逆に言うと、視聴者がなにを考えているか全然わからなかったんですよ。それがいまでは、視聴者の反応が手に取るようにわかる。書かれたことで心折れることもあるけれど、なかには面白い分析をしてくれている人もいます。そんなふうに考えてなかったけれど、いいふうに解釈していただけてありがたいので、そういうことにしておこうと思うときもあって。「いろいろな受け止め方がすごく勉強になる」とプラスに考えないと、書いていて面白くないですよね。ただし、朝ドラの場合、第1週を観て何を言われても、もう間に合わないですから（笑）。とっくに9週ぐらいを撮影しているので（笑）。

『あまちゃん』を追いかけると苦しい

——連ドラだとぎりぎりのスケジュールで撮っているから視聴者の反応を反映できないこともないけれど、朝ドラではそうはいかない。いま（2016年12月）、それこそ『ひよっこ』はどのぐらいまで書いているんですか？

岡田　8、9週とかですかね。

——順調ですか？

岡田　そうでもないです（笑）。もうちょっと早いほうがいいと思われます。

――だいたい最終回の放送のどれくらい前に書き終えるものなんですか。

岡田　東京制作だと放送が9月いっぱいだから、7月末くらいまでに書き終わるべきじゃないですかね。

――最終回放送の2ヵ月前。余裕のスケジュールですね、NHKって。

岡田　たぶんそれは、余裕というよりは、その間に一気に同じスタジオで撮らなきゃいけないんです。すぐに次の作品が入ってくるから（笑）。

――放送は2017年4月から始まるので、7月までずっと書き続けるんですね？

岡田　そうですね（笑）。

――まだまだ半年以上ある。最後はだいたい想定しているんですか。

岡田　はい、しています。していますけど、必ずそうしなきゃいけないというふうにも思ってないです。もし、書いていて、キャラクターが育っていったら変わります。それだけ長く書いているので、違うことを思いついたりもするから、そこには、わりと、できる範囲では、フレキシブルでいいんじゃないかなと思っていますが、撮影条件的に、最終回で違う国に行かせるわけにはいきません（笑）。そういう制限はあるものの、はじめて描く時代なので楽しいです。

——さきほどの玉音放送ではないですけれど、昭和の高度経済成長を、登場人物がどう捉えるか、それを岡田さんならどう描くか楽しみです。

岡田　同じような時代で、『ＡＬＷＡＹＳ　三丁目の夕日』（２００５年）というある種の陽の部分を描いた代表的な作品があります。また、ドラマ化もされた『オリンピックの身代金』（奥田英朗著、ドラマは２０１３年）という小説は、陰の部分を描いています。陰陽そろって完全なんじゃないですかね。両方とも真実であり、片方だけだったら嘘なんじゃないかという気がしますね。求められがちなノスタルジーでつくっちゃうと何かを見誤っちゃうように思えて。美術や小道具の再現にしても、レトロで可愛いみたいなふうにしがちだけれど、当時はあれが最先端だったはずで。決して懐かしく可愛いというコンセプトでできあがってないものを、いまの感覚で、なんか可愛いよね、おしゃれだよねって見えるようにつくっちゃうと、全部を伝えきれない気がして。そういうことと同じで、なんだか最近、基本的に、未来は暗いほうに向かっているって思いがちだけれど、それも嘘だなあって気がしているんですよ。

——そうですか。

岡田　なんか、その、みんながそう思っていたらそうならないよねって感じもあるし。だから、昭和に対して、懐かしさや失われていくものへの愛情や郷愁があっても、そこに戻りたい気持ちは僕にはまったくない。そうなっちゃうと閉じちゃうんじゃないかなと思う。

——どんな話になるのか、すごく楽しみになってきました。すばらしくいいお話をしてくださっているのにまたくだらないことを聞くんですけど、決め台詞みたいなのはあるんですか？

岡田　ないですね。僕はドラマで一回もそういうものを書いたことないんじゃないかな。ないといえば、ちょっと前に、ヒットの三原則みたいなことが何かに書かれていて、〝戦争〟と〝実在の人物〟と〝女性の成功物語〟だったかな。わ、3つとも『ひよっこ』にはねえやって思いました（笑）。

——成功しないんですか？

岡田　別にビジネスとかなんとかで成功しない。お金に関する話もないですしね。

——そこに背を向けられたわけですね。岡田さんはそれこそ、以前、連ドラで『若者のすべて』（1994年／フジテレビ）や『彼女たちの時代』（1999年／同）など、都会の片隅に生きる若者のドラマを書かれていて、『ひよっこ』はそういうものに近いのかなと。

岡田　そうですね。ほんとにフツーの女の子の話ですよ。朝ドラの見方が、『あまちゃん』でいろいろ変わったでしょう。つまり、『あまちゃん』をどう捉えるか。僕は、特例だと思っていて、意識しないようにしようと思っています。あれをある種の成功パターンとして追いかけると、苦しいよね。あれは宮藤官九郎くんという才能がないと紡げない話ですから。そうなると、そこを追いかけるよりも、過去にあった本流に回帰しようとしている印象はありますね。

——岡田さんは、最初におっしゃった、会話が延々続くようなスタイルを見せてくださるのかなと楽しみで。会話だけで15分間にとどまらず、1週間ずーっと会話しているなんてことは……。

岡田　さすがにそれはちょっとまずいかもしれない（笑）。ただ、何曜日には事件が起きて、金曜日には解決するみたいなフォーマットはあんまり考えてないです。

——それも、〝朝ドラあるある〟ですね。金曜日に誰かが亡くなるとか。

岡田　ふつうだったら土曜日にその週の問題が解決されるはずですが、土曜日は観ない人が多いんでね。

——ちょっと土曜日は視聴率下がりますもんね。

岡田　しょうがないですよね、そういう事情は。でも『ひよっこ』はあんまり週単位で書いてないんです。1話、1話なんで。

——フォーマットで描くとリズムが単調になっていくのを感じますが、岡田さんのように慣れている方はそういう心配はないと思います。

岡田　ヒロインが新人だと、できるだけヒロインに話が集中するように脚本を書きますが、今回のヒロインはお芝居をやり慣れている有村架純さんなので、集団にも埋没することがないから、いろいろなシチュエーションを描くことができる安心感はあります。本人も、プレッシャーがすごいと言いますけど、なんか、すごくいい感じですよ。

（「『ちゅらさん』『おひさま』そして『ひよっこ』。3度目の朝ドラでは昭和の光と陰を描く　脚本家・岡田惠和」ヤフーニュース　個人　2017年1月28日の記事に加筆修正）


インタビューで岡田は、「朝ドラの見方が『あまちゃん』でいろいろ変わったが、あれをある種の成功パターンとして追いかけると苦しい」と述べた。もっとも、『あまちゃん』以前は、『ちゅらさん』が追いかけられる存在だった。前述したように、『ちゅらさん』は朝ドラで描くべき要素がまんべんなく盛り込まれ、それが無理のない、自然で口当たりのいい物語として成立していたからだ。現代を描いたドラマとして、沖縄を注目させたうえ、生まれた場所で無理なく暮らすという、地方消滅・東京一極集中が進むいまの日本に処方箋を提示したような内容でもあった。

2007（平成19）年、政府は「地方再生戦略」を発表しているが、それより6年も前の01年に、『ちゅらさん』では地域に根ざすドラマを生き生きと描き出していた。このドラマを観て、田舎に帰ろう、もしくは田舎で暮らそうと思った人もいるだろう。その翌年から、NHKでは、地域発ドラマの制作が盛んになっていく。最初は02年、福岡放送局がはじめた『うきは——少年たちの夏』、その後、08年広島放送局による『帽子』から毎年少なくとも1本、どこかの地方局でドラマが制作され、2014年以降本数が増えている。

『ちゅらさん』に印象的な場面がある。はじめて東京に出てきた恵里が、〝東京の人〟とひとくくりで表現した時、その後、恵里と対比されるキャラクターとして生み出された城之内真理亜（菅野美穂）が、「〝東京の人〟なんていう人間はいないの」と鋭い指摘をしたシーン。沖縄の人も東京の人も、みんな個人個人なのだというエピソードだ（第5週「涙のアンダギー」第30話）。真理亜はさらに、沖縄出身者が東京を悪く言うことにも憤慨し、強烈な反論もしていた。

岡田は、ドラマの主舞台である沖縄だけを特別扱いしないことで、逆に沖縄に敬意を示したともとれる。さらに、これらのやりとりによって、東京に生きる人も、沖縄に生きる人も、どこで生きる人も、それぞれの立場と言い分があるし、その地域でひとくくりにすることはできない、みんなそれぞれ違うのだと伝える。２０１７年4月から始まった『ひよっこ』でも、東京・赤坂の洋食店の店主（宮本信子）が東京の繁栄に出稼ぎ労働者が寄与していると認めたうえで、茨城から出てきた主人公の父（沢村一樹）に対し、「東京を嫌いにならないで」と語っている。

［プロフィール］　おかだ・よしかず　１９５９年東京都生まれ。脚本家。１９９０年デビュー。おもな作品に、朝ドラ『ちゅらさん』（第20回向田邦子賞受賞）『おひさま』『ひよっこ』のほか、『若者のすべて』『イグアナの娘』『ドク』『ビーチボーイズ』『彼女たちの時代』『銭ゲバ』『最後から二番目の恋』『泣くな、はらちゃん』『スターマン・この星の恋』『さよなら私』『ボクの妻と結婚してください。』『ど根性ガエル』『奇跡の人』（平成28年度文化庁芸術祭賞テレビ・ドラマ部門大賞受賞）、映画『いま、会いにゆきます』『おっぱいバレー』『阪急電車　片道15分の奇跡』『県庁おもてなし課』『世界から猫が消えたなら』、舞台『スタンド・バイ・ユー〜家庭内再婚〜』など多数。第10回橋田賞受賞。ＮＨＫ－ＦＭで『岡田惠和　今宵、ロックバーで〜ドラマな人々の音楽談議〜』のパーソナリティーを務めている。

第13章

〝朝ドラらしさ〟とは何か

制作者インタビュー②
脚本家・大森寿美男
（『てるてる家族』）

2003年の第69作『てるてる家族』は、異色の朝ドラだ。なにしろ全150回中、何話かに一回は歌って踊る場面が登場するという、ミュージカル仕立てになっていたのだから。『リンゴの唄』『オンリー・ユー』『恋の季節』『明日があるさ』『ブルー・ライト・ヨコハマ』『若いってすばらしい』……邦楽、洋楽を問わず、戦後から高度経済成長期を彩ってきた幅広いヒットナンバーが次々と登場。長い朝ドラの歴史の中でひときわ異彩を放ちながらも、音楽の権利関係の都合上DVD化できなかった、不遇の名作と言っていいだろう。

作詞家・なかにし礼の妻の家族をモデルにした小説『てるてる坊主の照子さん』(新潮社)を原作に、大阪府池田市に暮らす父母、娘4人からなる岩田家の生活を描いた『てるてる家族』。岩田家はつねに明るく、それがミュージカル仕立てによって、さらにまぶしさを増した。お父さん役を演じる岸谷五朗はミュージカルを行う劇団「スーパー・エキセントリック・シアター」出身、お母さん役は、デビュー当時はアイドル歌手で日本レコード大賞新人賞も受賞している浅野ゆう子、そして長女役は宝塚出身の紺野まひる、次女役はSPEEDの上原多香子だから、ミュージカルはお手の物だろう。

また、三女には上野樹里、四女(主人公)には石原さとみと、のちに活躍する女優のフレッシュな顔も並び、キャスト面でも華やかだった。ところが視聴率を見ると、それほどでもない。むしろ、それまで平均視聴率が20％台だった朝ドラが、『てるてる家族』以降、10％台に落ち込み、20％台に回復するのは２０１２年の『梅ちゃん先生』までかかる。『てるてる家族』はある意味、朝ドラ「混迷の10年」の入口となった作品なのである。

この年、エンターテインメント業界を振り返ると、なかなか興味深いエポックメーキングなできごとが多い。まず、スタジオジブリ制作の『千と千尋の神隠し』（監督：宮﨑駿／公開は２００１年）が、アカデミー賞長編アニメーション賞を受賞。同作品が記録した興行収入（３０８億円）は、２０１７年のいまもなお、日本歴代１位の座に君臨している。

２００３年の公開作では、『踊る大捜査線 ＴＨＥ ＭＯＶＩＥ ２ レインボーブリッジを封鎖せよ！』（監督：本広克行）が大ヒットし、邦画部門（実写）の興収１位をキープし続ける。テレビドラマでは、ＳＭＡＰの木村拓哉が颯爽とパイロット役を演じた『ＧＯＯＤ ＬＵＣＫ!!』（ＴＢＳ）が平均視聴率37・６％と、これまた10年以上経っても、歴代ドラマ視聴率のベスト10にランクインしている。一方、これまで安定の人気を誇ってきた月９で、『東京ラブ・シネマ』（フジテレビ）が平均視聴率のワースト記録を更新（13・１％）した。

このように、2003年はエンタメ業界にとって振り幅の大きな一年だったといえるが、とりわけ、朝ドラと月9が同時に低迷しはじめた点は、注目に値する。

2017年、放送開始から30周年のメモリアルイヤーを迎えた月9は、未だ復活の糸口を見いだせていないが、朝ドラは前述のように10年後の2013年、息を吹き返す。『てるてる家族』が挑んだ音楽劇的要素が、『あまちゃん』で花開いたのだ。

『てるてる家族』は2016年にBSで再放送されたことで、再評価にもつながった。音楽劇の楽しさを措いても、ドラマとしての骨子がしっかりしていた。ただひたすらに4人の娘を育ててあげる母と、フィギュアスケート（長女）、歌手（次女）、芸術（三女）、宝塚（四女）とそれぞれがそれぞれのやり方で夢に向かい、悩みながらも進んでいく娘たちの姿が、誠実に描かれていた。四女の冬子が宝塚音楽学校を卒業後、パン屋を継ぐという流れは、いわゆる朝ドラであまり評判のよろしくない、ころころ目標が変わるパターンではあるものの、脚本家の大森寿美男は人間の心がふと切り替わる瞬間の機微を逃さず描いているため、違和感なく受け入れることができた。

また、長女がオリンピック出場（モデルは石田治子）、次女が紅白出場（モデルはいしだあゆみ）のように、成功した人物ばかりだと「遠い世界のお話」と思われかねないところ、四女がパン作りという「ささやかな幸せ」を選ぶ結末は、ほっとするものでもあった。

ちょうどこの年、ナンバーワンにならなくてもいい、それぞれがオンリーワンなのだと歌い上げたSMAPの大ヒット曲『世界に一つだけの花』がリリースされ、日本から上昇志向が薄れてきたかにも思われたこの頃、脚本家の大森寿美男はどのように時代のリアリティを描こうとしたのか、インタビューした。

なぜ「ミュージカル化」なのか

――『てるてる家族』には原作がありますね。

大森　なかにし礼さんの原作は上下巻で小説としては長いですが、朝ドラにしたら3～5週間もあれば全部終わってしまう分量でした。それを25週の長い話にしていくにあたって、原作にはあまりとらわれずに書けました。

――まずミュージカル仕立てというシアトリカル（演劇的）なところに目が行きますが、それ以外の親子関係や、女の子が夢をどう叶えていくかもきちんと描かれていました。なぜあれほどまでに凝ったミュージカル仕立てに挑んだのでしょうか。

大森　朝ドラをやるときには、まず最初に、プロデューサーやディレクターと何日間も取材をしながら作戦会議をするんです。そのときに演出家の高橋陽一郎さんが、戦後の昭和をやるにあたって「当時の流行歌を鼻歌で歌っているうちに、それに伴奏がついて本格的に歌っちゃうというのはどうか」などと言って、「それはおもしろそうだ」ということではじまった仕掛けです。それは、作詞家のなかにし礼さんの小説が原作だったというのもあったのかもしれないですけれど。でも当初、僕は「てるてる坊主をぶら下げながら照子が歌い出したら伴奏がついて、次に仕事しながら春男が同じ歌を口ずさんだら、上司に怒られて、と鼻歌がつながって……」というような、あくまでも物語として必然性のある（笑）イメージで書いていたんです。ですから最初のうち、ト書きに僕は「踊り出す」なとどとは決して書いていないんですよ。あくまで、鼻歌で当時の流行歌を入れていくだけのつもりが、演出家もどんどん乗ってきちゃって、振り付けの謝珠栄さんを呼んできて、急に立ち上がって踊り出すと物語を中断するような歌謡ショー風になって、気づいたら本格的なミュージカルシーンになっちゃっていたんですよね（笑）。

――曲は毎回大森さんが選んだのでしょうか？

大森　そうですね。これを歌わせたい、と演出家がリクエストをくれることもありました。あの曲を選ぶのがすごく楽しかったんですよね（笑）。

――どうやって選んだのですか？

大森　当時の流行歌をとにかく集めて、書いているときはそれらを流しっぱなしにして、それで、この曲を歌わせたいなと思ったら、その曲を歌う必然性のあるストーリー展開を考えました。そういう意味では、歌が発想の助けにもなったんです。

——逆に歌からドラマが生まれてくるような。

大森　そう。どんな曲を使って、どんなエピソードを作るか、みたいな。あとは資料で、どんなジャンルが流行っていたかも調べて、マンボが流行っていたとわかるとマンボを踊らせたり。そういうところから物語を発想できたので、歌がすごく助けになりました。ただ、ミュージカルってやはり手間暇かかるんですよ。ただでさえ朝ドラの撮影はスケジュール的に過酷なのに、あらかじめレコーディングをしなきゃいけないし、振り付けも覚えてもらわなくてはいけないので。はじめて10週めくらいで、「もう間に合わない」「もうしばらくミュージカルシーンはやめてくれ」というドクターストップのようなものがかかったことはありました。そういう声が出てくるのは仕方がないと思っていましたね（笑）。それで、ある時期からミュージカルシーンは出せなくなったのですが、音楽的な要素はなくさないように努力しました（笑）。たとえば、劇中、マンボを流して、それを聞きながら踊る場面を取り入れるなどして、しばらく様子をみている間に「そろそろまたやっていいよ」ということで復活したんです（笑）。

——最終的にはグランドフィナーレのような感じで幕を閉じました。

大森　最終週にまた派手に演出していきたいな、という思いがあったから、それに向けて力を蓄えて、といったふうなところもありました。

——あの曲は、ＤＶＤにはできないけれど、放送はできるということなんですか？

大森 そういうことは考えなかったですね。

——惜しいですよね。

大森 ほんとにね。そうとわかっていたらもうちょっと選曲に気を使ったんですけどね。

——といって、全部使っていい曲を選べました？ そんな、１５０回も（笑）。

大森 （笑）。いや、最初からそういう条件ならね、その中で作るのは全然やぶさかではなかったんですが。まったくそういうことに気を使わずに好きな曲をリクエストしていたので。あとあとＤＶＤが出ないというのはちょっと悲しかったですね。

——二次、三次利用とかを考えずにやりたいことをやるのも大事だと思います。最初から、あの曲はソフト化できないからといって、かけたい曲を変えるのも残念なので。

大森 洋楽はやっぱり難しいですよね。

——でも、今回（２０１６年）の再放送によって、たくさんの人が観ることはできました。

大森 変に伝説というか、幻のドラマみたいになっていましたから。

——ずっと幻のままのほうがよかったですか？

大森 いやいや（笑）。観てもらえる機会はいくらでもあったほうがいいですよ。

邪念と遊び心

――『あまちゃん』がミュージカル仕立てというか音楽劇仕立ての朝ドラとして、目新しいと感じた人が多かったと思いますが、実はもっと前にもすごい音楽ドラマをやっていたことがたくさんの人に知られてよかったと思います。

大森 そうですよね。だから僕、『あまちゃん』が受けたときに、なんで『てるてる家族』は社会現象にならなかったんだろう？　とちょっと思いました（笑）。

――やはりそう思いましたか（笑）。

大森 『あまちゃん』が受けるのなら『てるてる家族』も、もうちょっと受けてもよかったんじゃないの？　というヒガミ根性はあったりもしますね。逆に、『あまちゃん』のあとだったから再放送も受け入れられやすかったという、恩恵を受けていたのかもしれないし。わかんないですけどね。でも、どのタイミングで観てもらってもきっと楽しいものになっていると思って書いていたので、DVDでもいいから観てもらいたかったんですけど、それも叶わなかったので、ほんとうに再放送がうれしかったですし、自分も10年ぶりに観たら、思っていた以上におもしろかったんで（笑）。作っているときは本当に不安との戦いだったから、観るにしてもドキドキしながら観ていて、本当は、何を作っているかわからないような状態だったわけですよ（笑）。

――それは音楽仕立てのせいですか？　それとも朝ドラという存在が？

大森　まあ、そう……「これでいいのか。こんなことやっていいのか」という思いもありつつ、「受け入れられるのか」という不安もありつつ、やっていたので。もちろん観て、できあがったものはすごく愛着があったし、「いいものができたな」と思っていたんですけど、どこかで冷静には判断できてなかった気もして。今回の再放送まで、本当に何を作ったか、何を書いたかも忘れていたので、一視聴者として本当に続きが楽しみになっちゃうぐらいのハマりかたを自分でしてしまって（笑）。「ああ、おもしろいものを作ったんだな」ってなんか他人事みたいに思っちゃいましたね、改めて。また出演者がね、いま観るとすごく豪華だし、華があって。そういう意味でもいま観ると惹かれますよね。みんな立派に成長していてうれしいという感慨も、僕らにはあります。

――２０１６年に『トットてれび』というミュージカル仕立てになったドラマが放送されました。黒柳徹子さんがＮＨＫに入局した頃の物語で、彼女を取り巻く人々――俳優の渥美清、森繁久彌、作家の向田邦子なども出てきて、当時のテレビ番組や映画などエンターテインメントの歴史を振り返ることのできる、楽しいドラマでした。これも『てるてる家族』の再放送との相乗効果というか、ＮＨＫとして『てるてる家族』の体験があるから、安心してやれるんだなと思いました。

大森　『てるてる』の二番煎じとは言われない自信もあってやっているんだと（笑）。それとも、なかったことにされてるのか（笑）。

――いやいや（笑）。

大森　だから、本当にうれしかったです、今回の再放送は。観ておもしろいと言ってもらえるのもすごくうれしくて。こんなにその喜びを強く実感する作品もないですよ。

――歌でいうと、いしだあゆみさんをモデルにした役を演じている上原多香子さんが劇中でいしだあゆみさんのヒットナンバー『ブルー・ライト・ヨコハマ』を歌うところへ、いしだあゆみさんが別の役として出てきて、その歌を歌う。まるでモノマネのご本人さん登場みたいで、人生の奥深さが加わった歌と、まだそれがない歌という差を描いたエピソードが本当におもしろくて。あれは大森さんのアイデアですか？

大森　ああいうところは、今回再放送を観て思いましたけど、リアルタイムで観るよりも、こうやってちょっと間を空けて観ると、ちゃんとそういう〝ドラマとしてやりたかった意図〟みたいなものが伝わりやすい、と感じました。作っているときは、どこかでやっぱり、「本人に出てもらうなら、どうやってやろうか」「どうすればインパクトがあるか」みたいなことも考えている部分があって、でもその邪念がちゃんと物語として成立するように書いていたつもりなんです。でも、リアルタイムで観るとそれは作為的に見えちゃうけど、それが今回、時間をおいて観たら邪念を忘れて、純粋にドラマとしておもしろい構造になっていると思えました。あれはさすがだなと思いましたね。自分がじゃなくて、いしだあゆみさんが（笑）。いしだあゆみさんも、さすがにそういう意図を理解されて、物語として自分がどうやるべきかというのを理解されてやっているなという。そういうことは、作っている渦中では自分でわかっているつもりでも、わかってないものなんですよね。

――ご本人にあの曲を歌わせたかったのですか？

大森　やはり、遊び心みたいなものもどこかにあるわけですよ。「せっかく出てもらうんだから歌ってもらいたいよな」という。物語として必然というよりは、「いしだあゆみさんが出てくださるんであれば、せっかくだからちょっと歌を聞きたいな」というね。その作為を消したつもりでも、当時はまだ生々しく自分で感じてしまって。

――もちろん、なかにし礼さんの原作で、ご家族であるいしだあゆみさんの物語であるわけですが、いしださんが登場したことで、SF的というかパラレルワールドになっている感じがしておもしろかったです。

大森　完全にパラレルワールドですね、あのドラマは。

理想の家族のかたち

――そういう遊びの仕掛けだけではなく、ちゃんと家族の物語が描かれていました。

大森　ある意味、理想郷ではないですけど、どこかで理想を描いていたような気がするんですよね。僕は、コミュニティとしての〝近所〟とか〝家族〟が、みんなで助け合ってというか、〝触れ合って生きている〟みたいなことは、ユートピアじゃないと思っているんですよ。僕は、あの時代にやはり〝個〟を描きたかったんです。個人が夢を見ることの孤独みたいなものが根底にあって。これからますます個の時代になっていく、その過程の高度経済成長期の話なんですよ。個人が、周りの人とつながることで、夢を追いかけられたらいいよねという理想を、どこかで僕は追っていたような気がするんです。だから、あの四姉妹にしても、みんな孤立した姉妹だと思っているんです。あの家族は、みんなそれぞれの目的を持った個性が寄り集まっていて、互いに個を尊重しながら、一緒に生きている。普遍的であって、自分が思い描いている理想の家族のかたちを、昭和30～40年代という、ある意味、日本の青春期みたいな時代に、重ねて描いていたような気がしますね。決して体験に基づいたものではないのですが。

――ドラマから13年が経って、大森さんの中で家族の理想像というのは変わりましたか？

大森　いや、変わらないですね。なかなかドラマのように、家族仲良く……というか寄り添って生きられないとは思うんですよ。どうしたって、もうちょっと複雑ないろいろな感情が湧き出ると思うんです。書き終わった後、誰かに言われたんです。たしか四姉妹の長女を演じた紺野まひるさんだったと思うのですが、「四姉妹って一回もケンカのシーンがなかったよね」と。それを言われるまで僕は気づかなくて、「あ、そうだな」と思いました。普通、四姉妹が集まってケンカしないなんてあり得ないことだけれど、どこか無意識にそういうドロドロした感情を避けていたのかもしれません。

――それは、朝ドラだからドロドロはやめようということですか？

大森　別に朝ドラだから、という理由ではないですね。僕が男だから、姉妹のそういうところは見たくない、リアルに描けないというのはあったかもしれないけど（笑）。

――その一方で夫の浮気のエピソードがありました。でもあんまりイヤな感じがせず、おもしろく見られたことが興味深かったです。

大森　あれは原作にある要素だったんで、避けて通れなかったんです。それを、それまで築いてきた、陽気でドロドロのない、ある意味『てるてる』ワールド的な世界の中でどうやって見せるか、ということには気を使いました。

――原作にあるから入れなくてはいけなかったと。

大森　原作というか、まあ史実ですよね。「そういうことがあったんだろうな」という。

そういう要素も消化しなければいけないと覚悟はしていました。でも、そういう浮気の話をやるタイミングが来たときに、いきなり浮気の話をドロドロっと入れたらね、せっかく今まで作ってきた世界が壊れてしまうだろう、という心配はありましたよ。ただ、演出家も出演者も、その頃にはもう、どういう世界でこのドラマは成立しているか、というのが十分わかっていたので、ああいう描き方ができたのだと思います。

朝ドラのルール

――朝ドラだからできること、できないこと、という制約はあるのですか?

大森　『てるてる家族』に関しては、もちろん制約はあって、それを考慮しながら作っていましたが、よくやったなあって、いまになってみると本当にそう思います。僕は、実を言えば、過去、朝ドラをまともに観たことがなかったので、いわゆる〝朝ドラのフォーマット〟を知らなかったわけですよ。なので、〝本ヒロインが最初の2ヵ月近く出ない〟みたいなことを、よくプロデューサーはあのとき決断したな、と。僕は別にそんなことは当たり前だと思ってやっていたんです。そもそも、この話をやるにあたって、僕は、時代の変遷みたいなものを描きたかったんです。特に昭和30年代前半をしっかり描いて、そこからどう変わっていった、ということを。ただ、モデルがいて、その人物が紅白に出る時期とかオリンピックに出る時期は外せない。そうなると必然的に子ども時代の話が主になってしまったんです。別に、あえて、主人公の子役時代を長く描きたいということを最初に志として打ち立てたわけでもなく。その時代を描くために必然的に子役時代が長くなってしまった、というだけなんです。そういうことを、朝ドラという世界を熟知しているNHKの人たちがよく許してくれたな、というのはありますね。許したというより、プロデューサーはよくそういうもので決断したなと思います。

——10年ぐらい前の朝ドラは、ちょうどチャレンジの時期だったというようなことを、どこかで聞いたことがあります。

大森　あ、ほんとですか。

——だからその挑戦が実ってきた時期に『あまちゃん』が満を持して出たということなのかなと。朝ドラには厳しいルールがあるに違いないと勝手な想像をしてしまうのですが(笑)、あまり厳しいという感じではなかったわけですね。

大森　なかったですね。ただおもしろいと感じるルールはあったかな……。確か、最初に打ち合わせをしてて、「じゃあヒロインの恋人はどういう人にしようか」「幼なじみはどういう人にしようか」「対抗するライバルはどういう人にしようか」みたいな流れがあって、「もうそういう人物は出すことが決まってるんですか?」と聞いたら、「朝ドラはこういうものを出すって決まっているんだよ」と演出家の人が（笑）。

――ああ、そういうのはあるんですね。

大森　それはびっくりしましたね。

――ヒロインと、恋人と、ライバルと。

大森　「対抗馬を誰にしようか」みたいな（笑）。

――必ず出てくるんですね。それを押さえておけばあとは大丈夫なんですか？

大森　あとは後半で、〝ヒロインが三つ指ついて「長い間お世話になりました」と言うシーン〟を必ず入れる。嫁ぎのシーンは必須だって言われて。『てるてる家族』には四姉妹いたので長女にそれを託したんですけど（笑）。

――嫁ぎのシーンは必須なんですね。

大森　「幼なじみが恋人に」と「フラれるライバル」と「長い間お世話になりました」、この3つを入れると朝ドラになる（笑）。

――幼なじみの恋人じゃないといけないんですか？

大森　なぜでしょうねえ？（笑）まあ、最近はそんなになかったりするでしょうけどね。その当時は。いや、その演出家は、ということかもしれないですけど。

――「女の子の生き方のロールモデルを描く」ことが朝ドラなんですか？

大森　そうなんでしょうね。普通に考えて〝女の一代記〟が朝ドラのテーマですよね。だから『てるてる家族』も、お母さんである照子（浅野ゆう子）の話をやるべきじゃないか？　という案も出たんですよ。ヒロインは照子さんに絞って、彼女の少女期からはじめて、成長してオリンピック選手と有名な歌手を育てていく話が普通の発想で、当時の上層部からもそういう意見は出たらしいんですけどね。でも、それだと僕が一番描きたい戦後の昭和の元気な時代がメインにならず、大正時代からの話になってしまう。それはちょっと描きたいことと違うな、というのがあって、家族全員が主人公の話にしたいなと思いました。そこからあえてヒロインを選ぶなら、小説ではあんまり目立たない、何かをやったという偉業が描かれてない下の姉妹二人のうちのどちらかにしたいというのが、最初の発想でした。

――オリンピックと紅白は当時の日本人にとって最高のステイタスだったんでしょうか。

大森　そうですね。

――日本人にとってのアイデンティティである「オリンピック選手と紅白歌合戦の歌手」そのふたつを子どもに果たさせたのってすごいことですね。

大森　それが戦後の復興みたいなものと重なっているのでしょうね。当然、紅白は戦前にはないですからね。

――それこそ歌手の方は「紅白に出て親を喜ばせることができた」と必ず言う。戦後、そういう目標ができたから、国民みんながんばれてよかったですね（笑）。
大森　ほんとですよね。
——今の時代、そういうものはあるでしょうか。
大森　ないんじゃないですかね。そんな、希望に向かっていくような実感がまったくないでしょうね。
——『てるてる家族』で大森さんが昭和初期の戦後の復興期以降、高度成長期以降を描いていたから、松尾スズキさんが主演の岡本太郎役を演じた土曜ドラマ『ＴＡＲＯの塔』（２０１１年）を書くことになったのですか。
大森　あれはまた全然別の発想ですね。あれは「岡本太郎生誕１００年に向けて、岡本太郎のドラマを」という話でしたし、あの人を時代の象徴なんて発想では描けないですね。
——昭和に強いんだな、という感じが勝手に（笑）。
大森　いやいや（笑）。でも……どっかに昭和って染みついているでしょう？　僕らって。
——昭和生まれですもんね。大森さんは40年代生まれで。
大森　そうですそうです。だから、自分の知らない、前の30年代とかの昭和の文化に対する憧れみたいなものは普通に持っていましたよね。映画にしてもスポーツにしても、長嶋茂雄に代表されるような、夢や憧れのようなものは、普通に僕らの世代にはあるんじゃないですかね。調べるのも楽しいし、想像するのも楽しいし。そうすると、映画『ＡＬＷＡＹＳ 三丁目の夕日』（２００５年）ではないけれども、ついいいことばかりあったような錯覚になって、でもそんな中では苦しいことも、資料を見れば当然出てくるし。貧富の差の拡大や、それこそ公害の問題など、「こんなことは二度と繰り返しちゃいけない」というようなことが、影の歴史でもあったんですよね。

――光化学スモッグとか、水俣の問題などもありました。

大森　そうそう。今では考えられないような人災もいっぱいありましたよね。

――そういうディープなことは朝ドラでは書いちゃダメなんでしょうね。

大森　でも、まあ、書き方ですよね（笑）。あんまり正面からそういう問題を取り上げると、なんか余計なお世話みたいな（笑）。でも、そういうにおいも出したいというのもあったので。やはり、豊かで夢に向かっていくだけではなく、そういうものを和人（錦戸亮）の人生などに重ねながらにおいを出していければ、と。

――社会問題をそのまま出すのではなく、ちゃんとわかった上でオブラートに包みながら描いていくというところに、きっと朝ドラを書く醍醐味があるのかなと。

大森　そうですね。『てるてる家族』は本放送でも再放送でも、とっても脳天気なドラマに思われましたけども、でも、ちゃんとそういう時代のリアリティみたいなものは出そうと努力はしていたんですよ。

限界まで行かないとできない

――たとえば、「戦争についてもっとちゃんと描いて」という意見と、「具体的に描かれたものは観たくない」という意見など、視聴者もさまざまなようですが。

大森　最近は、戦中戦後の話が多いのかな。

――朝ドラ、最近はご覧になっているんですか？

大森　脚本を書いてからは観るようになりました。戦争という題材は、悪くはないんですけどね、描く題材としては。ただ、続くとね。「また闇市のシーンが続くのか」という意見も出てしまう。そういう意味では、企画の立て方から作り方から、前後の作品を観ながら作ったほうがいいのかもしれないですね。

――書いているときは、朝ドラを研究したのですか？

大森　研究はしていないですね。まあ、全話を通して観たというのはなかなかなかったですけど、まったく観たことがなかったわけではなかったので。

――印象に残っている朝ドラはありますか？

大森　やっぱり僕らの世代だと『おしん』になっちゃうんじゃないですか？（笑）それも

断片的にしか観てなかったんですよ。たぶん、夏休みに観ていた記憶です。ふだんは学校に行くから観られなかったんですよ。

――意外と子どもは観てなくて。確かに私も夏休みには観ていた気がします。

大森　〝子どもが観るものではない〟という認識がありましたよね。ただ、今は朝7時台にBSでやるから観られるかもしれない。

――朝ドラは基本的に主婦のためのものですよね。「主婦が対象ですよ」みたいなことは言われるのですか。

大森　まあ……言わずもがな、なところがあったんじゃないですか？（笑）

――大森さんは主婦を対象にして書かれていた、ということでよいでしょうか？（笑）

大森　まあ、〝誰が観てもおもしろいもの〟というふうに思いますけどね。いつもね。

――それが結果的によかったりしますよね。誰かにおもねらないほうが、というか。

大森　そうですね、おもねる……まあ、難しいですよね。だってわかんないですもん、どういうものを求めているのかって。主婦だっていろんな主婦がいますからね。

――たとえば、昼ドラのヒットは、〝ドロドロが好きな主婦〟に絞った結果ですよね。

大森　そういうことですよね。

――テレビドラマを作るのは本当にいつも大変だな、と思いながら観ています。

大森　わかんないのに、わかるようなふりをして作らないといけない、みたいなところがありますよね。誰に観せるかというところに関して。

――ドラマの企画書を見ると、たいてい「何歳」とか「F3（50歳以上の女性）」とか、そういう一定の層を目指す、ということが書いてあります。

大森　僕ら脚本家は、「誰に観せようと思って作ったドラマなんだ」ということをよく言われます。

――でも大森さんとしては「誰もが観て楽しい」というところに行きたいということですよね。

大森　ですよね。「これをおもしろいと思う人はどの世代にもいるはずだ」と思って作ります。

――そうですよね。たとえば絵本に「子ども向け」とあっても、大人も楽しめるものがあります。

大森　僕らも山田太一さんや倉本聰さんのドラマにハマったのって、小学生や中学生のときですから。山田太一さんのドラマがおじさんのものってわけでもないし、朝ドラが主婦のものってわけでもないですよ。だから、「いいものはどの世代にも刺さるはずだ」と思って作っています。

――「朝ドラ」とはいったいなんだと思いますか？

大森　やはりあんな放送形態はそうそうないですから、枠だけ考えれば無限の可能性があって、〝朝ドラらしさ〟みたいなものを考えなければ、いろんなことができると思うんです。毎日観る人の日常に入っていける、というのはなかなかないことです。朝ドラを作ってみて、一番良かったのは、半年間ぐらい毎日自分の作ったものが多くの人の目に触れることでした。書くときも、ずっとひとつの作品のことだけを考えて1年ぐらいを過ごします。それって、ひとつのある場所で、ある期間生きた、体験したことのように思うんですよね。

――そうですね、観ているほうも体験になります。

大森　そう。観るほうも、観続けたことによって「朝ドラの主題歌を聞くとその時代に戻っちゃう」みたいなことってあるじゃないですか。そういう視聴者の人生に入り込むことができる、すごく稀な枠だと思う。そういう意味では、いろんな内容があっていいと思うし、その枠というか長さを利用したいろいろなドラマが生まれるといいと思います。まあ、すぐには変わらないでしょうけどね。言ってしまえば、「女の一代記」にこだわらなくてもいいと思うんですよ。「男の一代記」をやったっていい。ということで『マッサン』が生まれたのでしょうけれど。

――あれも実験だったってことですね。「ひさびさに男の人を主役にしてみよう」という。

大森　主人公をひとりにすることもないですしね。群像……まあ、誰を主人公にしても群像的には描かざるを得ないのかもしれないでしょうけど、〝ヒロインをひとり立てて〟というような描き方にこだわる必要はないでしょうしね、本来なら。

――大河ドラマは「男の一代記」なんですか？

大森　まあ、そういうところもあるのかもしれないですよね。一代記というか……どちらかといえば〝男の群像〟。まあ、女性の大河もいまは普通になってきていますけどね。

――どちらのほうが難しかったですか？　朝ドラと大河ドラマ。

大森　どっちでしょうねえ……いや、両方難しいです。でも、大河は朝ドラをやった後だったので、長さの面では覚悟できていましたよ、やる前にね。「いろんな大変なことが待っている」という(笑)。朝ドラの時はまだ、どんなに大変かがわからなかったので。それぞれに大変さはあって、それはまったく違うものだと思います。ただ、両方とも、〝長いものをやる〟というのはドラマを作る上での醍醐味だと思います。映画では絶対できないことですから。これだけの長い間、同じ人間を描いたりすることは。

――朝ドラは脚本家の登竜門なんでしょうか。

大森　僕は30代でしたから。本来ならね、「いよいよ朝ドラか」とか「いよいよ大河か」

という感覚でやるようなものかもしれないですけど、なんか本当に登竜門的な、試練のように思ってやったというところはありますね。

――朝ドラと大河ドラマ、2本やられたことがいま、血肉になっていますか。

大森　なっていますね。相当、自分の限界まで行かないとできないようなところがあるので。自分の底が見えるというか。それでやっぱりもっとがんばりたいという意欲も湧くし。30代で2作やらせていただいたことはすごくありがたかったなと思いますね。

（「いよいよ第2シーズン　大河ファンタジー『精霊の守り人』の脚本家は名作『てるてる家族』も書いていた！」ヤフーニュース　個人　2017年1月21日の記事に加筆修正）

朝ドラについて誰かと話すと、「朝ドラが大好きでずっと観ていた」と熱く語る人がいるかと思えば、「朝ドラを全く観ていなかった」と答える人もいる。後者の大森は、「ほとんど記憶にない」と率直に明かしていた。筆者の話をすれば、一緒に暮らしていた明治生まれの祖父が「NHK絶対主義者」で、子どもの頃、民放の番組はほとんど観せてもらえなかったため、おのずと朝ドラや大河ドラマを観て育った。そのせいで思春期になって反発心が芽生えると、朝ドラや大河ドラマといった主流には背を向け、サブカルチャーに向かってしまったのだが……。

出版の仕事に携わるようになってからは、もちろん仕事柄、朝ドラをチェックすることはあったが、時計代わりというよりは、季節の移り変わりを4月と10月の番組改編で感じるというカレンダーのような存在であったことは否めない。そんな人間にとって、『てるてる家族』の実験精神は、非常に歓迎するものであった。

本章の冒頭に、2003年はエンタメ界にとってエポックメーキングな年であったと記したが、それこそ『あまちゃん』の宮藤官九郎が大いなる飛躍を遂げた年でもあった。2000年のドラマ『池袋ウエストゲートパーク』（TBS）ではじめてゴールデンタイムのドラマの脚本を手がけ、01年の映画『GO』で注目されると、02年のドラマ『木更津キャッツアイ』（TBS）が翌03年に映画化され、その人気を確かなものにした。

ちなみに、宮藤が演劇活動と並行して行っているバンド「グループ魂」がメジャーデビューしたのは02年。笑いとお芝居と音楽の融合が、サブカルチャーの世界からメジャーなものになってきたのと、ほぼ同時期でもある。

舞台でそれをやって人気を博していた劇団☆新感線（『あまちゃん』に出ている古田新太が看板俳優）も、03年から04年にかけて初期の小劇場活動の頂点に登りつめると、05年以降、〈第二章〉としてメジャーの道を歩み出す。

また、話の本筋とは関係のない小道具やギャグなどを総称する「小ネタ」を、本広克行による『踊る大捜査線』シリーズから引き継いで、よりソリッドにして定着させたミステリードラマ『トリック』シリーズ（監督：堤幸彦）も、02年に映画化されていよいよブームになっていく（このシリーズは2014年まで続くほど人気を誇った）。

宮藤が盛り上げた笑いと音楽とドラマの融合や、本広や堤が生み出した〝小ネタ〟といった多様な要素が、ドラマの作り方を変えはじめた。それはちょうど、サブカルがメジャーに反転をはじめた時期と重なる、まさに03年前後のことなのである。

それと同時に、その多様な要素を、インターネットを介して多くの人々と共有する楽しみ方も発展していく。06年にアメリカで誕生し、日本語が使えるようになったのは08年と、徐々に一般化していったツイッターは、いまや、テレビを観る際に欠かせないツールとなった。序章でも触れたように、テレビを観ながら、気づいたこと、感じたことをツイッターでつぶやくと、それに共感した人がリツイートして一気に拡散し、盛り上がる。かつて、街頭テレビの前にみんなが一緒に盛り上がったことと似た現象だ。

また、ツイッターに投稿されるつぶやきの多くは、画面に映し出された小道具や衣裳などから感じられる作り手側のメッセージや、思わずツッコみたくなる出演者のユーモラスな台詞の数々に触発されたものだ。要するに、作り手たちがみがいてきた〝小ネタ〟がいよいよ成熟期を迎えると、それに反応する多くの視聴者の中や、視聴者とテレビとの間でコミュニケーションが成立。一人ぼっちでテレビを観るようになってからは失われていたライブ感覚を取り戻したことで、テレビドラマに新たな楽しみ方が生まれた。その地固めが済んだところで、『あまちゃん』が登場、見事なまでにSNSと連動した。

じつは、04年に放送された、幕末の志士が主役の大河ドラマ『新選組!』（脚本：三谷幸喜）も、当時、主流だったパソコン通信のコミュニティで盛り上がった作品だった。1999年にはじまったインターネット掲示板「2ちゃんねる」の存在も見逃せない。評論家のさやわか著『一〇年代文化論』（星海社新書）によると、2ちゃんねるのピークは、全世界のアクセス数ランキングで34位になった2004年だという。ドラマを観て2ちゃんねるに書き込むことも、この頃は盛んだった。なお、『あまちゃん』がSNSで盛り上がったことを受けて、ドラマの番組宣伝にSNSを使ったのが大河ドラマ『真田丸』だ。作り手の思惑は当たり、『真田丸』は直近5年間で最も高い平均視聴率を残した。

いまの朝ドラがあるのも『あまちゃん』の力によるところが大きいという見方は、たしかに正しい。しかし、その前に『カーネーション』があり、さらにその前には『てるてる家族』があったことは、頭の片隅に置いておきたい。次から次へと登場するなつかしのメロディは、小ネタや大河ドラマの歴史ネタなどと並んでSNSで共有する情報として、最適なものだった。

朝ドラではひとつ、戦中戦後ものが『おはなはん』によって確立しているが、それ以外の時代を描いた決定的なスタンダードはまだ生まれていない。『てるてる家族』は高度経済成長期をどう描くか、果敢に挑んだ作品だったと思う。これを踏まえて、第96作『ひよっこ』がどう高度経済成長期を描くかで、今後の朝ドラの方向性も見えるのではないか。

［プロフィール］　おおもり・すみお　1967年神奈川県生まれ。脚本家・映画監督。10代から演劇活動をはじめ、渡辺えり子（現・渡辺えり）率いる劇団3○○（現・オフィス3○○）に俳優として参加するなどしながら、映像の脚本家としては1997年にVシネでデビュー。おもな作品に朝ドラ『てるてる家族』、大河ドラマ『風林火山』のほか、『泥棒家族』（第19回向田邦子賞受賞）『クライマーズ・ハイ』『黒部の太陽』『TAROの塔』『テンペスト』『悪夢ちゃん』『鼠、江戸を疾る』『55歳からのハローライフ』『64』、映画『星になった少年』『寝ずの番』『次郎長三国志』『悼む人』など多数。映画監督として『風が強く吹いている』『アゲイン　28年目の甲子園』がある。大河ファンタジー『精霊の守り人』シリーズのⅢが2017年秋に放送予定。

文中敬称略

あとがき

月曜から土曜まで毎朝、それも15分という短い時間の放送番組は、ウェブ――とくに瞬発力が大きいSNSとの相性がいい。『あまちゃん』以降、朝ドラレビューを書きはじめ、２０１５年からは毎日「エキレビ！」で連載していての実感だ。「昨日のあのドラマ観た〜？」と、翌日、会社や学校でおしゃべりするような感覚がある。

朝ドラの視聴習慣がついたおかげで、朝、ちゃんと起きられるようになった頃、朝ドラに関する新書を書かないかと声をかけていただいた。書きたい要素はたくさんあった。なにしろ１９６０年代からはじまって１００作近くの歴史あるシリーズだ。むしろ、書くべきことがたくさんあり過ぎて、全部書いたら新書の域を超えてしまう。そこで思い切って、２０１０年代、朝ドラの革新が起こって誕生した〝朝ドラブーム〟なる時期のものに作品に絞ることにした。それでも、「朝ドラといったらこれ！」と言われるほどの金字塔的存在の『おしん』と、21世紀最初の作品で、シングルマザーに挑んだ『私の青空』を加えたことで、２０１０年以前の朝ドラの功績も最低限、残したつもりだ。もっと書きたい作品もあった。残念！

放送時間が15分繰り上がった『ゲゲゲの女房』からの朝ドラは、その改革の翌２０１１

年、東日本大震災が起こったこともあって、作風に変化が起こったのはたしかだろう。震災をきっかけに結婚した人も離婚した人も増えたという状況と、それ以前からの少子高齢化が進み未婚率が増加によって〝ホームドラマ〟〝女の一代記〟（結婚、出産を含む）をテーマとする朝ドラが、さらに今後、どう変わっていくか興味は尽きない。

時代と朝ドラがどれくらい寄り添っているのか、社会的な現象と見比べていく作業は楽しかった。『みんなの朝ドラ』というタイトルを考えてくれたのは、本を書くにあたって大変尽力いただいた編集の丸山勝也さんで、このタイトルのように、2010年以降の朝ドラは「女の」というより「みんなの」がふさわしい気がする。そこで、いろいろな方々の意見や研究成果なども引用させていただいた。朝ドラで描かれた女性の人生も多様だが、女性に関する研究も気が遠くなるほど多岐にわたっていた。「おひとりさま」を広めた方々や貧困女性について調査している方々をはじめ、国際結婚の歴史や、女中の生活などを研究している方々など、女性をテーマに研究・調査・執筆されているすべてのみなさんに敬意を表したい。もちろん朝ドラやドラマについて書いている方々にも。

そして、取材に応じてくださった方々には感謝を。元来、現場の声を取材することを本分とする私としては、現場の方々には最大の敬意を。きっかけをくださった「ユキレビ！」のアライユキコさん、ライターの近藤正高さんにも御礼申し上げます。

最後に、このあとがきを書いているときに、ＳＮＳで知り合いがシェアしていた記事にこんなものがあった。

〈スウェーデンは政府が子どもの社会福祉に関する支出を増やすと、子どもは増え、減らすと子どもも減るんです。つまり出産、保育、教育などにいろいろと手当がつくことが、女性にとって産むインセンティブになっているわけです。ところが、日本って、全然そうじゃないんですよね。少子化を食い止めようと、結婚して子どもを産みやすくなるような経済的施策をしても、結婚する人も出産する人も全然増えません〉
（「東京大学准教授・赤川学さんインタビュー（後編）婚活に疲れた貴女へ　東大・社会学の先生が贈る現実的なアドバイス」ウートピ　２０１７年4月13日）

これが本当だとしたら、どれだけ話はねじれてしまっているのか、日本は。この記事を掲載・運営している会社は占い記事を多く配信しているところなのだが、日本がどうなるか占えないのだろうか（当たり前）。これから良くなることがあるのか、悪くなる一方なのかわからないが、とりあえず、朝起きて朝ドラを観て、みんなが自由に語り合えている間は、平和なのではないかと思う。

朝ドラ全作品一覧①

放送年度		タイトル	放送局	視聴率	主演
1961（昭和36）	1	娘と私	東京	—	北沢彪
1962（昭和37）	2	あしたの風	東京	—	渡辺富美子
1963（昭和38）	3	あかつき	東京	—	佐分利信
1964（昭和39）	4	うず潮	大阪	30.2	林美智子
1965（昭和40）	5	たまゆら	東京	33.6	笠智衆
1966（昭和41）	6	おはなはん	東京	45.8	樫山文枝
1967（昭和42）	7	旅路	東京	45.8	横内正
1968（昭和43）	8	あしたこそ	東京	44.9	藤田弓子
1969（昭和44）	9	信子とおばあちゃん	東京	37.8	大谷直子
1970（昭和45）	10	虹	東京	37.9	南田洋子
1971（昭和46）	11	繭子ひとり	東京	47.4	山口果林
1972（昭和47）	12	藍より青く	東京	47.3	真木洋子
1973（昭和48）	13	北の家族	東京	46.1	高橋洋子
1974（昭和49）	14	鳩子の海	東京	47.2	藤田三保子・斎藤こず恵
1975（昭和50）	15	水色の時	東京	40.1	大竹しのぶ
	16	おはようさん	大阪	39.6	秋野暢子
1976（昭和51）	17	雲のじゅうたん	東京	40.1	浅茅陽子
	18	火の国に	大阪	35.0	鈴鹿景子
1977（昭和52）	19	いちばん星	東京	37.2	高瀬春奈・五大路子
	20	風見鶏	大阪	38.3	新井晴み
1978（昭和53）	21	おていちゃん	東京	43.0	友里千賀子
	22	わたしは海	大阪	35.9	あいはら友子
1979（昭和54）	23	マー姉ちゃん	東京	42.8	熊谷真実
	24	鮎のうた	大阪	42.7	山咲千里・康乗美代子
1980（昭和55）	25	なっちゃんの写真館	東京	39.6	星野知子
	26	虹を織る	大阪	38.5	紺野美沙子

朝ドラ全作品一覧②

放送年度		タイトル	放送局	視聴率	主演
1981（昭和56）	27	まんさくの花	東京	37.1	中村明美
	28	本日も晴天なり	東京	36.6	原日出子
1982（昭和57）	29	ハイカラさん	東京	36.2	手塚理美
	30	よーいドン	大阪	38.8	藤吉久美子
1983（昭和58）	31	おしん	東京	52.6	小林綾子・田中裕子・乙羽信子
1984（昭和59）	32	ロマンス	東京	39.0	榎木孝明
	33	心はいつもラムネ色	大阪	40.2	新藤栄作
1985（昭和60）	34	澪つくし	東京	44.3	沢口靖子
	35	いちばん太鼓	大阪	33.4	岡野進一郎
1986（昭和61）	36	はね駒	東京	41.7	斉藤由貴
	37	都の風	大阪	39.3	加納みゆき
1987（昭和62）	38	チョッちゃん	東京	38.0	古村比呂
	39	はっさい先生	大阪	38.1	若村麻由美
1988（昭和63）	40	ノンちゃんの夢	東京	39.1	藤田朋子
	41	純ちゃんの応援歌	大阪	38.6	山口智子
1989（平成元）	42	青春家族	東京	37.8	いしだあゆみ、清水美沙
	43	和っこの金メダル	大阪	33.8	渡辺梓
1990（平成2）	44	凜凜と	東京	33.9	田中実
	45	京、ふたり	大阪	35.6	山本陽子、畠田理恵
1991（平成3）	46	君の名は	東京	29.1	鈴木京香、倉田てつを
1992（平成4）	47	おんなは度胸	大阪	38.5	泉ピン子、桜井幸子
	48	ひらり	東京	36.9	石田ひかり
1993（平成5）	49	ええにょぼ	大阪	35.2	戸田菜穂
	50	かりん	東京	31.4	細川直美
1994（平成6）	51	ぴあの	大阪	25.5	純名里沙
1994（平成6）／1995（平成7）	52	春よ、来い	東京	24.7	安田成美・中田喜子
1995（平成7）	53	走らんか！	大阪	20.5	三国一夫
1996（平成8）	54	ひまわり	東京	25.5	松嶋菜々子
	55	ふたりっ子	大阪	29.0	菊池麻衣子・三倉茉奈・岩崎ひろみ・三倉佳奈
1997（平成9）	56	あぐり	東京	28.4	田中美里
	57	甘辛しゃん	大阪	26.6	佐藤夕美子
1998（平成10）	58	天うらら	東京	27.7	須藤理彩
	59	やんちゃくれ	大阪	22.5	小西美帆
1999（平成11）	60	すずらん	東京	26.2	遠野なぎこ・柊瑠美・倍賞千恵子
	61	あすか	大阪	24.4	竹内結子
2000（平成12）	62	私の青空	東京	24.1	田畑智子
	63	オードリー	大阪	20.5	岡本綾

朝ドラ全作品一覧③

放送年度		タイトル	放送局	視聴率	主演
2001（平成13）	64	ちゅらさん	東京	22.2	国仲涼子
	65	ほんまもん	大阪	22.6	池脇千鶴
2002（平成14）	66	さくら	東京	23.3	高野志穂
	67	まんてん	大阪	20.7	宮地真緒
2003（平成15）	68	こころ	東京	21.3	中越典子
	69	てるてる家族	大阪	18.9	石原さとみ
2004（平成16）	70	天花	東京	16.2	藤澤恵麻
	71	わかば	大阪	17.0	原田夏希
2005（平成17）	72	ファイト	東京	16.7	本仮屋ユイカ
	73	風のハルカ	大阪	17.5	村川絵梨
2006（平成18）	74	純情きらり	東京	19.4	宮﨑あおい
	75	芋たこなんきん	大阪	16.8	藤山直美
2007（平成19）	76	どんど晴れ	東京	19.4	比嘉愛未・橋口恵莉奈
	77	ちりとてちん	大阪	15.9	貫地谷しほり・桑島真里乃
2008（平成20）	78	瞳	東京	15.2	榮倉奈々
	79	だんだん	大阪	16.2	三倉茉奈、三倉佳奈
2009（平成21）	80	つばさ	東京	13.8	多部未華子
	81	ウェルかめ	大阪	13.5	倉科カナ
2010（平成22）	82	ゲゲゲの女房	東京	18.6	松下奈緒
	83	てっぱん	大阪	17.2	瀧本美織
2011（平成23）	84	おひさま	東京	18.8	井上真央
	85	カーネーション	大阪	19.1	尾野真千子
2012（平成24）	86	梅ちゃん先生	東京	20.7	堀北真希
	87	純と愛	大阪	17.1	夏菜
2013（平成25）	88	あまちゃん	東京	20.6	能年玲奈（現・のん）
	89	ごちそうさん	大阪	22.3	杏
2014（平成26）	90	花子とアン	東京	22.6	吉高由里子・山田望叶
	91	マッサン	大阪	21.1	玉山鉄二、シャーロット・ケイト・フォックス
2015（平成27）	92	まれ	東京	19.4	土屋太鳳
	93	あさが来た	大阪	23.5	波瑠
2016（平成28）	94	とと姉ちゃん	東京	22.8	高畑充希
	95	べっぴんさん	大阪	20.3	芳根京子
2017（平成29）	96	ひよっこ	東京		有村架純
	97	わろてんか	大阪		葵わかな
2018（平成30）	98	半分、青い。	東京		
	99				
2019	100				

『朝ドラの55年』（NHK出版）、NHKサイトのほか、ビデオリサーチの許諾を得て同社の視聴率データ「NHK朝の連続テレビ小説」をもとに作成・掲載（視聴率は関東地区の期間平均）

本書の第1章「内助の功とブレンド」「異なる価値観へのまなざし」「つかこうへいイズム」「エリーとは何者だったのか」の各項は、筆者が『大好き「マッサン」ファンブック』(宝島社)に寄稿した「マッサン」論に大幅に加筆修正したものです。

講談社現代新書　2427

みんなの朝《あさ》ドラ

二〇一七年五月二〇日第一刷発行

著　者　木俣《きまた》冬《ふゆ》

発行者　鈴木　哲

発行所　株式会社講談社
東京都文京区音羽二丁目一二―二一　郵便番号一一二―八〇〇一
電　話　〇三―五三九五―三五二一　編集（現代新書）
〇三―五三九五―四四一五　販売
〇三―五三九五―三六一五　業務

装幀者　中島英樹
印刷所　凸版印刷株式会社
製本所　株式会社大進堂

定価はカバーに表示してあります　Printed in Japan

N.D.C. 699.67　302p　18cm
ISBN978-4-06-288427-3

「講談社現代新書」の刊行にあたって

教養は万人が身をもって養い創造すべきものであって、一部の専門家の占有物として、ただ一方的に人々の手もとに配布され伝達されうるものではありません。

しかし、不幸にしてわが国の現状では、教養の重要な養いとなるべき書物は、ほとんど講壇からの天下りや単なる解説に終始し、知識技術を真剣に希求する青少年・学生・一般民衆の根本的な疑問や興味は、けっして十分に答えられ、解きほぐされ、手引きされることがありません。万人の内奥から発した真正の教養への芽ばえが、こうして放置され、むなしく滅びさる運命にゆだねられているのです。

このことは、中・高校だけで教育をおわる人々の成長をはばんでいるだけでなく、大学に進んだり、インテリと目されたりする人々の精神力の健康さえもむしばみ、わが国の文化の実質をまことに脆弱なものにしています。単なる博識以上の根強い思索力・判断力、および確かな技術にささえられた教養を必要とする日本の将来にとって、これは真剣に憂慮されなければならない事態であるといわなければなりません。

わたしたちの「講談社現代新書」は、この事態の克服を意図して計画されたものです。これによってわたしたちは、講壇からの天下りでもなく、単なる解説書でもない、もっぱら万人の魂に生ずる初発的かつ根本的な問題をとらえ、掘り起こし、手引きし、しかも最新の知識への展望を万人に確立させる書物を、新しく世の中に送り出したいと念願しています。

わたしたちは、創業以来民衆を対象とする啓蒙の仕事に専心してきた講談社にとって、これこそもっともふさわしい課題であり、伝統ある出版社としての義務でもあると考えているのです。

一九六四年四月　野間省一